市長序

古文物新故事

作爲臺灣最早開發的城市，不同政權在臺南這塊土地留下多元風貌的建築，也傳承了不同時期美學與文化的代表物件。在漫長的歷史長河中，這些存在於日常的文物，各自承載著一段或多段屬於臺南與臺灣的記憶，也讓各個時代的群像生活更加具象可視。

《南都物語：物件裡的臺南史》便是以「物件說臺南歷史」這樣的概念作爲主題，全書以跨越四百年的長時限概念進行選件，由文化社會的觀察視角，從常民生活到藝術傑作，以三十件文物作爲切入點，縱向展示臺南歷史發展、空間脈絡及重要事件節點，並以物件故事所帶出的民生經濟、藝術文化、政治軍事等各面向流變作爲充盈其間的血與肉。讓見證歷史的物件躍然於紙上，訴說自己與所處時代的臺南故事，也讓讀者能夠從中閱覽臺南數百年的歷史時空變遷，以多元視角認識文物，產生不同於以往的嶄新感受。

本書能夠順利付梓，要感謝蘇峯楠主編、時報文化出版胡金倫總編輯與王柏喬、王麗菡、游淳詔、邱睦容、葉萱萱、林森路等六位作者，並感謝米果、謝金魚、曹銘宗等知名作家從不同角度進行城市特寫，為《南都物語：物件裡的臺南史》增添畫龍點睛之效。

「今天的故事就是明天的歷史」，現在的我們也都是未來歷史的創造者。在全書三百多頁的內容裡，我們想要談的不僅是過去的歷史，也希望能夠邀請讀者一起展望未來，讓臺南成為一座具有永續願景的城市！

臺南市市長

黃偉哲

代理局長序

從物件看歷史，探索臺南的文化記憶

籌備兩年的《南都物語：物件裡的臺南史》終於付梓，這本書的命名有「臺南的故事」與「物件的故事」的雙重意涵，從物件擇定和主題企劃開始，便讓編輯團隊絞盡腦汁，既希望透過文物書寫其背後的社會、歷史發展與故事，又要讓文章與文物鑑賞、分析研究有所區隔。在整個歷史跨度上，「要談什麼？」「用什麼來談？」都不是容易的決定。

全書規劃五個章節，由「原初之境」揭開史前文化與西拉雅文化，接著以「海國交流」開啟十六至十七世紀臺灣與世界的交會，再「進出仙府」看清領時期城裡城外的眾生百態，繼而感受日本帝國帶來的「毛斷面容」新生活、新思維，最終「一路走來」回首來處並反思展望未來。

書中有些物件的時代標誌性清晰可辨，例如：大航海時代德國出產的「鬍鬚男陶壺碎片」、國姓爺「鄭成功畫像（那須豐慶摹本）」、印製臺灣第一份報紙《臺灣府城教會報》的臺灣第一臺活字版印刷機「聚珍堂 Albion Press 活版印刷機」、原設置於大正圓環（公園）的「臺灣總督兒玉源太郎人像頭部殘件」等；有些物件則有著與當代社會發人省思的互動故事，例如：因南科開發而挖掘出土的黑陶甕棺所帶出的後續開發保存議題、因COVID-19疫情而進行教育紀實藝術創作「麻豆國小五年級學生疫情聯絡簿」、由擱淺在黃金海岸的蘇菲亞號貨輪帶出的「灣裡萬年殿王船」故事等。

作爲面向一般大眾的讀物，《南都物語：物件裡的臺南史》除了以生動活潑的敘事介紹文物相關知識，也希望透過本書帶動讀者對歷史物件價值的珍視，與我們一同聆聽承載生活記憶的物件訴說的精彩故事！

臺南市政府文化局代理局長　林韋旭

目錄

南都物語

物件裡的臺南史

原初之境

從陶甕見到遠古的富饒臺南

撰稿：王柏喬

「臺灣固無史也。荷人啟之，鄭氏作之，清代營之，……」不知大家對於這段《臺灣通史序》的開頭語是否感到熟悉？作者連橫因為經歷過異文化的日本帝國殖民統治，讓他燃起興趣書寫一部以臺灣為主體的史。不過，本書的第一句話「臺灣固無史也」，開宗明義的表現出文字歷史時代的人們習慣透過文字記錄過往，容易不自覺的忽略早在文字出現以前，人類已經在這塊土地上生活了數千年之久的事實。

史前人類雖然沒有留下文字，然而，透過觀察地表上的地形、地貌變遷，以及分析地底所留下的遺跡、遺物，經由考古學能帶領我們解讀人類先祖們在腳下這片土地所留下的故事。本文從這件新石器時代晚期製成的黑色夾砂陶圓形陶甕出發，和大家談談數千年以前古臺南人的故事。

從考古遺址看臺南市的前世與今生

臺南，是臺灣著名的文化古都，以荷蘭、鄭氏、清帝國治理臺灣時期的都城而聞名。不過，在臺南也可以發現如繁星點點四處分布的史前遺址；自大約五千年前新石器時代早期大坌坑文化遺址以降，一直到近代西拉雅族的舊社遺址，顯示出數千年來臺灣住民在這裡安居樂業的痕跡。不過，根據考古的發現來看，臺南的「鬧區」似乎是隨著時代變遷才逐漸「南移」，原本熱鬧的地方在較北的區域。主要的原因，是因爲新石器時代的海岸線位置比現在更深入內陸，今天的臺南市區在過去，還只是一個海中的沙洲。

一九九五年因爲要建設南部科學園區，因此進行了大量的考古調查與搶救發掘，結果發現了超過八十二處以上的遺址，其中包括五千年前的新石器時代早期一直到近代歷史時期的文化遺跡。這個區域是曾文溪與臺南臺地中間一個內凹的海灣，不但海洋資源豐富，而且受到曾文溪水流搬運來的泥沙與臺南臺地的保護，所以不太會出現大水災。這邊有這麼多又豐富的考古遺址，部分原因固然是得益於科學園區的開發而有大規模的考古發掘讓我們能夠發現它們，另一方面，也體現出園區所在的新市、善化、安定區在數千年前就是資源豐富的風水寶地。

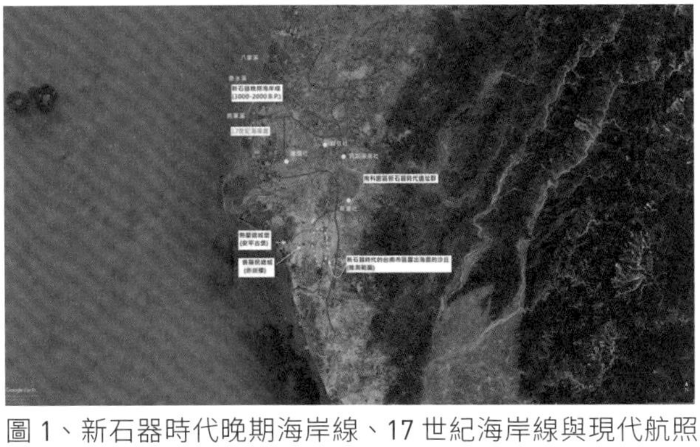

圖 1、新石器時代晚期海岸線、17 世紀海岸線與現代航照圖的疊圖。
圖中可看到南科園區所在的位置，在古代可說是一個可以提供人們豐富海洋資源的良好內灣。
（圖片來源：王柏喬製圖，海岸線資料參考自張瑞津等 1996、劉瑩三等 2009、劉益昌等 2011。）

大湖文化的灰黑陶

這個目前在國立臺灣史前文化博物館南科考古館內展示的黑色陶甕，是從臺南市官田區的「三抱竹遺址」中出土的，大約製作於約二千八百至兩千年前。我們稱這個陶甕爲「甕棺」，顧名思義，古人利用它盛裝遺骸並進行埋葬，是一個作爲棺材使用的陶甕。

陶器，一直都是研究史前文化最重要的遺物種類之一。就如我們今天使用的陶製杯碗瓢盆，陶器可以埋存在土壤裡很久，不像木頭、纖維與銅鐵等材料容易因爲腐壞鏽蝕而消失。陶器的製作手法，包括顏色、裝飾用紋飾圖案與形狀，都可以反映出不同人群的獨特風格。就好比說現代的時尚，我們也會區分「美式」、「日式」、「臺式」等不同流行風格，考古學者會分析陶器的流行傳承、變化，去了解遺址居民的文化內涵。

正因爲臺南與高雄大湖地區有一群新石器晚期的先民使用這種灰黑色的陶器，因此高雄的大湖遺址將他們命名爲「大湖文化人」。相較於更早期的史前陶器顏色偏紅或黃，這件新石器晚期的陶甕呈現灰黑色。新石器早中期的陶器之所以呈現紅色，是因爲採取「氧化燒」將土壤裡的金屬氧化後呈現紅、黃色；而到了新石器晚期的人們則開始掌握「還原燒」的「燻煙滲碳法」來製作陶器。在燒製陶器的過程中將空氣隔絕悶燒，進而產生大量黑色濃煙，讓其中的碳質滲透到陶器裡。「還原燒」的製作方法非常講究火候的掌握，是高難度的製陶技法。

愛護幼兒的大湖文化人

讓陶甕這個文物顯得更爲特別的一點，是它主要用來盛裝兩歲以下夭折的幼兒屍體。從現代人的眼光來看，愛護幼兒是理所當然的事。

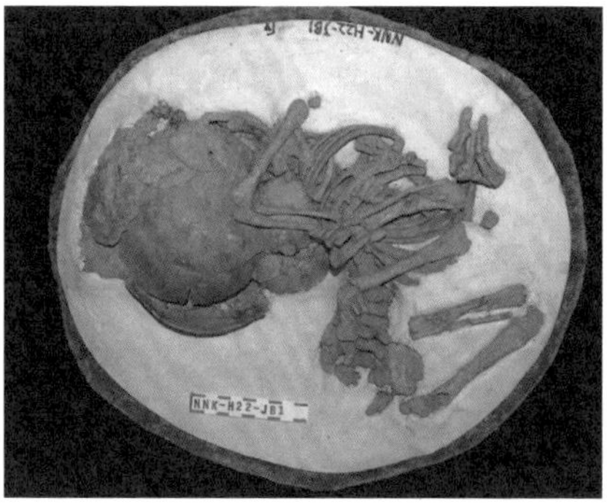
圖 2、黑陶甕棺內埋藏的嬰兒墓葬。（圖片來源：國立臺灣史前文化博物館南科考古館）

然而値得我們思考的是，在世界上大部分的區域裡，幼兒至上觀念都是到了晚近才開始慢慢形成。在古代，許多地方因爲幼兒死亡率高，有著「幼兒人格延遲授予」的現象。也就是說幼兒必須要被證明能夠在糟糕的衛生與營養環境下生存，成長爲一個有用的勞動力之後，才會被視爲一個人，被當作家庭的一份子。另外，如果一個家庭認爲兒童數量過多，造成了經濟上的負擔，很可能會產生棄養甚至是「殺嬰」的行爲。

而這個新石器晚期的嬰兒甕棺傳達了什麼樣的訊息呢？由於日常使用的陶器尺寸不會這麼大，可以理解成這些人特別訂製了成本不菲的大型陶甕作爲葬具；可見在他們的觀念中嬰兒是被愛護、被視爲家族成員的存在。同時，也顯示出這些人的生活富足，擁有充足的資源能夠供養過世的嬰兒，在他們的社會文化中小孩被放在頗具重要性的位置。

國立臺灣史前文化博物館——南科考古館

南部科學園區的開發與南科考古發掘、南科考古館的設立，是臺灣人在這個地狹人稠的島嶼上經濟發展與文化保存的矛盾之間努力妥協、平衡的衆多案例之一。科學園區的地上發展著光電、半導體、精密機械等人類最先進的科技產業，地底下則埋著最古老的人類活動遺留。

然而，南科考古館可不只是收藏著南科園區出土的考古遺物而已，它同時也被指定爲臺南市境內的考古出土遺物保存單位。臺南的史前文化十分豐富，從五千年前到三百五十年前的遺物出土，都會考慮運到南科考古館存放。南科園區內更是出土了超過兩千五百具的古代墓葬！爲了這些古代人骨的保存與研究，博物館的人骨研究室集合了臺灣諸多

圖 3、黑陶甕棺考古發掘出土狀況。
（圖片來源：國立臺灣史前文化博物館南科考古館）

研究人骨的人才，南科考古館也因此成爲國家級的重要研究中心。

臺灣的博物館經營，多半需要煞費苦心。因爲大多館舍以向大眾傳播知識爲目的，往往門票價格低廉，希望讓每個人都有能力進入博物館參觀，因此館員需要在經費有限的情況下，努力兼顧館藏、展示與研究工作。南科考古館從臺南的遺址出發，進而成爲國家級的考古博物館，希望大家未來能給這個優秀的考古博物館更多支援和關注！

南科園區地下出土的豐富考古遺存，提醒我們雖然臺灣的文字時代來得很晚，但臺灣的歷史並不短。漫步在臺南的大街小巷，一定能夠注意到許多往地底下開挖的動作，例如蓋房子挖地基、挖水溝、鋪設馬路、挖電線杆……在這些挖出的土壤中常多是古人留下來的遺物！從史前陶器、石器，文字歷史時代的陶瓷器、古磚瓦……古人在這塊土地住過、走過、生活過數千年，雖然文字很晚才來到臺灣，但歷史一直都寫在這片土地裡。

圖 4、南科考古館外觀。
（圖片來源：國立臺灣史前文化博物館南科考古館）

延伸閱讀

1 臧振華、李匡悌、朱正宜，《先民履跡：南科考古發現專輯》（臺南：臺南縣政府，二〇〇六）。

2 臧振華、李匡悌，《南科的古文明》（臺東：國立臺灣史前文化博物館，二〇一三）。

3 盧泰康，〈新石器時代晚期大陸和臺灣地區的黑陶藝術〉，《陶藝》第三十一期，頁一〇六—一〇九。

01 圓形陶甕（甕棺）

（圖片來源：國立臺灣史前文化博物館）

年代\距今 2800-2000 年前

產地\臺灣臺南

典藏號\20220100077

典藏地
國立臺灣史前文化博物館南科考古館

文物圖解

1. 新石器晚期的陶甕呈現灰黑色，是採用「還原燒」的技法。這樣的製作方法非常講究火候掌握，是高難度的製陶技術。
2. 這麼大的陶甕在石器時代可不常見！這種又大又薄的陶器製作難度高，想必要價不菲，它的用途是什麼呢？
3. 這個陶甕裡放了一具幼兒的骨骸！也就是說，這個陶甕是我們稱之為「甕棺」的古代葬具。

點石成劍

撰稿：王麗菡

到臺南遊玩的人，大多是爲了府城美食小吃而來，旅途中的五步一大間三步一小間廟宇密度，似乎早已讓人見怪不怪——臺南本就是不折不扣的萬神殿，是座充斥著古都氣息的神仙府。

無論規模大或小，臺南的街道上俯拾皆是古蹟，也包括了這些歷史悠久的廟宇，總是圍繞在臺南人的生活四周，當你走近神殿仰望威儀萬千的神像，是否曾發現在祂們的手上，總是拿著各式的「法器」。在民間信仰的認知中，在神明除妖蕩魔的關鍵時候，自然少不了法器的助力，就如被尊稱爲上帝公的北極玄天上帝，手上所持的劍就是大家耳熟能詳的「七星劍」，劍身刻有七星連珠如北斗，也說明了人類自古對自然的崇拜。

圖 1、仁德北極殿鎮殿玄天上帝，其法相為左手結指印，右手持七星寶劍。本塑像為重要傳統工藝泥塑保存者杜牧河先生所塑。
（圖片來源：王麗菡）

重劍天日

一九六九年在臺南下營區，有一樁當地居民挖出的出土石器，後來竟成爲「神的法器」的眞實案例。根據當地武安宮廟裡的碑文記載，住在下營區的開化里民戴秀雄先生（一九三六—二〇一三），有次在武安宮西側約五百公尺的臺十九線公路附近溝渠抓魚時，意外發現五把被埋在水底的大型石器，隨後立即和地主王忠正義先生兩人一起將石器挖出。

這些石器出土後，先是在兩人自家被收藏了三年多，直到一九七二年武安宮乩童起駕指示，這五件石器才被帶到廟中。由於下營當地從未發生這樣的奇事，當時的主委王正良先生希望能有考古專家來協助鑑定，所以時任縣長蘇煥智偕同廟方邀請李坤修教授（當時任職國立臺灣史前文化博物館擔任助理研究員，目前已退休。）來爲這五件巴圖形石器進行勘查。

圖2、戴秀雄先生當初發現五指劍的大排，現今變成超商的停車用地。（圖片來源：王麗菡）

巴圖（patu）一詞起源於紐西蘭毛利族，原本意指外型呈扁平匙形的石、骨或木製的兵器。專長爲南太平洋民族誌的日本學者移川子之藏，在一九三四年爲命名在臺灣發現的匙形石斧時，借用了巴圖之名。

鑑定報告出爐後顯示石器材質屬於變質砂岩，年代可推至距今約兩千五百至兩千八百年新石器時代的「大湖文化」。爲了方便介紹與辨識，李坤修教授將每件石器都給予編號，依據照片上從右至左的排序，分別是 WAK564、WAK762、WAK798、WAK740、WAK559。代號的組合前段爲武安宮的英文縮寫，後段爲器物的長度（公分）。

早在一九二〇年，因八田與一（一八八六—一九四二）興建嘉南大圳的緣故，促使後人發現了烏山頭遺址，關於大湖文化研究便有了開端，從日常用具來說，大湖文化出土的石器數量已經比較少，最具有特色就是將砂岩打磨拋光製成的「巴圖形」石器，也就是前面所提到里民發現的五把「石劍」，這也是目前國內所發現最大型的史前磨製石器。大湖文化時期的陶器，多呈現出黑色，在石器製作方面也更加精緻，是南臺灣史前發展史中不可或缺的代表物。

竟是如此神器

臺南有不少廟宇會有主神欽點的專屬代言人，被挑選到的人被稱爲乩童或乩子，意爲神之子。在一些必要儀式中，神明的靈體會降乩到此人的身上傳達神意，而神明降乩後，自然也需要實質的法器來顯示神威，藉由乩身操演法器直到見血，

圖 3、武安宮內殿神龕的側邊空間，廟方曾用來放置開光後的五指劍，避免有心人覬覦。（圖片來源：王麗菡）

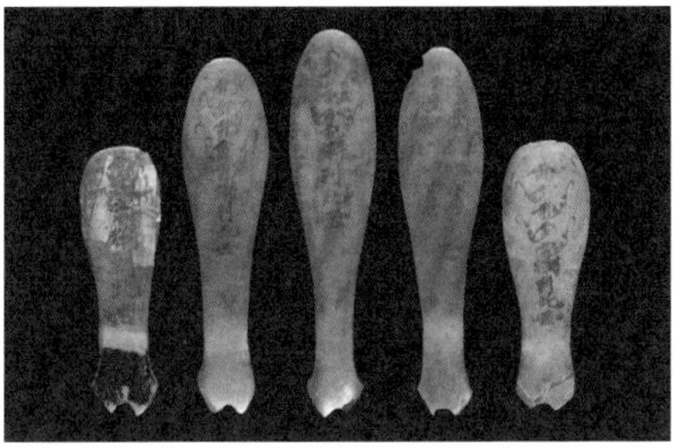

圖 4、五指劍全貌照。（圖片來源：臺南市文化資產管理處、武安宮）

用以調動兵馬，宣示該地域受到祂的庇佑。這整個過程稱「操五寶」，兵器「七星劍」、「鯊魚劍」、「銅棍」、「月斧」與「刺球」並列爲五寶，其中以七星劍最爲常見。

除了人工製造的武器，與石劍異曲同工的天然物件，也可能成爲神明的法器，隨著時間流轉傳世，甚至搖身一變成爲鎮廟之寶，例如前面提到乩身所用的鯊魚劍，近年來因爲保育的緣故，天然鯊魚劍已然少見，而本文提及神明所用的史前石器，則可以說是頭一遭。

這五件一起出土的「五指劍」，意指陳列後長短似人的手指比例而得名，前面提到的最長的石器近八十公分（WAK793），最短的約六十公分（WAK559），每件石面的最寬處大都維持在二十公分左右，但其中有件剛被挖掘出來就損傷較爲嚴重的石器（WAK559），最寬處少了兩公分，寬度落在十七公分左右，剛好也是裡頭體積最小的一件。

這五把似劍的巴圖形石器被挖掘出來後，馬上被戴秀雄與王忠正義兩位發現者，各自帶回家中收藏。由於家住廟宇附近而成爲武安宮信徒的戴秀雄，在三年過後的某日，於廟裡閒聊時提及拾獲這五件石器的經過，沒想到在該年底，武安尊王便降乩特別指示，請兩位信徒將這五件石器捐出，集中保存於武安宮。

這五件石器經由道士畫符開光後，由於廟方擔心失竊，便特別安奉在武安宮正殿神龕內，一開始鮮有對外宣傳或展示，所以直到目前爲止，仍未有石器參與武安宮祭祀活動的記錄。但能夠確定的是，因其形狀似劍，又如同人類的五根手指，有知情的信衆開始稱這五件長短不一的石器其爲「五指劍」。

摸魚摸到寶

回顧發現的經過，起初戴秀雄先生以爲水底摸到的突出物，可能是值錢的大鐵片，因爲質地摸起來十分堅硬。在臺十九甲線旁排水溝電魚的他，原先只是在追趕一條逃走的鯽魚，發現水底異狀之後，便找了地主王忠正義一起幫忙，想要把這些鐵片拿去變賣，結果竟挖出五件側立並排的扁形巨大石器，鐵片瞬間成了不值錢的石片。

這些被打磨過的石片面積夠巨大，看來似乎不是尋常的東西，兩人便決定帶回家收著，戴秀雄帶走三件，其餘就讓王忠正義帶回家。因爲不知道這些石器是珍貴的史前文物，天氣熱的時候，戴秀雄就讓孫子睡在石器上，享受著石面的涼感特性，直到受到神明指示才捐給廟方。

二〇一四年，臺南市政府爲了規劃鄭成功祭典暨開臺三五三週年系列活動，在鄭成功文物館（今臺南市立博物館）舉辦了「湖漾巴圖——大湖文化特展」，這也是目前臺灣唯一完整展出大湖文化代表器物「巴圖形石器」的展覽。爲了這個展覽，時任文化局長葉澤山（今臺南市副市長）特別到廟裡上香向武安尊王稟告，希望能借出五指劍豐富展件。

爲表慎重，廟方向主神武安尊王擲筊請示，得到允許之後，才首度將這五件新石器時代的出土文物，公開展示於世人面前。同時，文化局以故宮文物的規格，爲「五指劍」保了高額保險，象徵對這批臺灣發現最大型的史前磨製石器之重視與禮遇。同時特別訂製強化玻璃的安全展櫃及設備，並打算等到展覽結束後，一併送給武安宮。因二〇一四年的展覽十分成功，受到熱烈迴響，更讓廟方下定決心在大殿右側規劃更完善的展示空間，供信徒參觀。

圖5、位於武安宮龍邊的五指劍展示櫃現況。（圖片來源：王麗菡）

你的劍不是我的劍

在這五件器身的表面，皆有由道士寫下隱約可見的「五雷將軍到此」字樣，更增添了凡人不可隨意碰觸的神聖性，從「人用」變成「神用」，在當代脫胎成為更具體的神器。透過儀式的開光，並沒有將上個時代的日常生活封印在歷史之中，反而為這件文物增添了新任務，延續了上個時代的生命力，持續在這個時代的日常生活中扮演舉足輕重的角色。

這類寬扁的出土石器，有學者稱其為巴圖形石器或巴圖，也有學者稱「冠頭石斧」，有趣的是，在不同的典藏單位，其所規劃的展示方式也有所不同，在考古界的官方擺法與代表民間信仰的武安宮廟方剛好有方向上的差異，臺南地區的博物館舍所展示的巴圖石器，因其造型定義為石斧形工具，所以將寬端朝下，窄端朝上，物件展示方向為上窄下寬，以符合一般大眾判斷斧形物的視角。

但在廟方的想法中，這些出土的巴圖石器是代表神明的法器，其造型定義為劍，物件的擺放方式是上寬下窄，如「五指劍之緣源碑文」中所呈現的石器剪影，將窄端視為劍柄。展示於武安宮的巴圖形石器，經由神明指示才進入廟內，可將其視為廣義的祭祀行為，說明這批石器已具備在地信仰性的文化樣態。

若以製作材料來看，這批石器的材質屬變質砂岩，並非在地出產，亦是說明距今約兩千八百年至兩千年間該地區的經濟活動，此類石材可能是交易項目之一，屬貴重物品。

在不同的時空，雖然是屬同個地理脈絡，因連結了不同的人事物，而發展出不同的使用方式與文化涵義，這些具有新功能的石器，顯示出臺南這個區域對於歷史變遷的包容性與多元文化的活潑性，並且透過不斷地沉積與挖掘的交互作用，豐富了臺南土地的文化層，再次留下人類的足跡，爲後世子孫留下永續的文化基因。

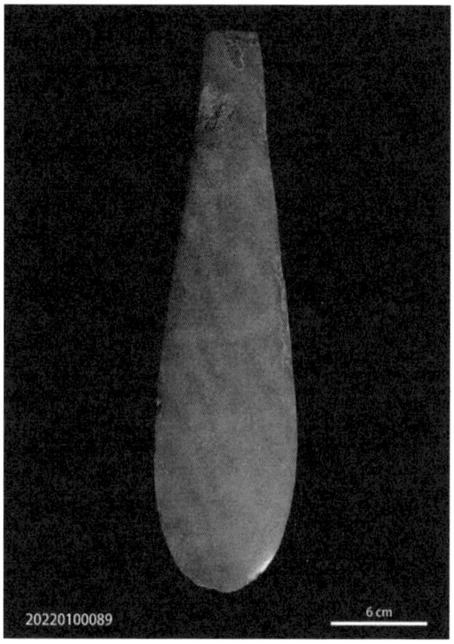

圖6、大湖文化（烏山頭期）巴圖形石斧，呈現上窄下寬的斧形。
（圖片來源：國立臺灣史前文化博物館）

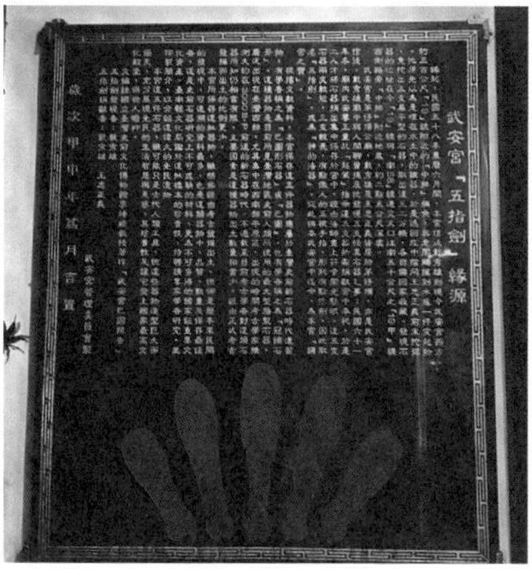

圖 7、廟中設有五指劍之緣源碑文，內文呈現上寬下窄的五劍形。
（圖片來源：王麗菡）

延伸閱讀

1 武安宮 - 文化資源地理資訊系統 - 中央研究院（檢索日期：2024.02.23）https://crgis.rchss.sinica.edu.tw/temples/TainanCity/shiaying/1108011-WAG

2 李坤修，〈臺南縣下營鄉武安宮的巴圖形石器〉，《文化驛站：國立臺灣史前文化博物館通訊》第十五期（二〇〇三），頁二十四—三十一。

3 鄭景隆，《臺北市文山區十五份遺址與相關器物研究》，臺北市文山社區大學畢業論文，二〇〇八，未出版。

02 1969 年在臺南被發現的巴圖形石器（五指劍）

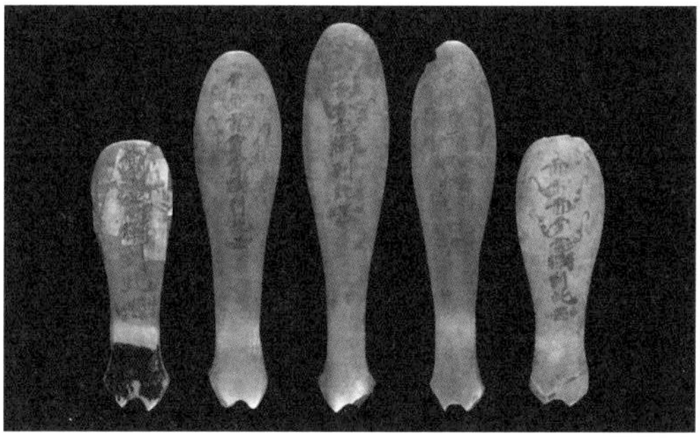

（圖片來源：臺南市文化資產管理處、武安宮）

年代 \ 距今約 2500-2800 年

典藏地
臺南市下營區開化里
武安宮

文物圖解

1. 透過圖片觀察，你覺得這些石器的重量有多重，以最長的 WAK798 來說，這是最具份量的一件，重量直逼 4.5 公斤，等同是 10 磅啞鈴的重量。先民在使用的過程中，不知道是否也會有類似現代人舉啞鈴的健身效果？
2. 這 5 件石器都經過打磨，造形比一般石器來得巨大且寬薄，近 80 公分的長度，在體積或重量上都不是人類能長時間使用的用具。在柄處局部發現有使用痕跡，推測是石器的柄處過寬，無法徒手持拿，需要另裝適當的把柄來輔助使用。
3. 這五件經由道士開光的巴圖形石器，依稀可見有 5 個連續的「雷」字被寫在石面上，這是道教的「五雷符」，視同奉請 5 位將軍到此鎮煞，使其具神聖性。

來自山豹部落的左鎮新娘服

撰稿：葉萱萱

新港・「番仔」・西拉雅

對於很多老一輩的新市（舊稱新港社）人來說，關於臺南獨有的「番仔、地契」，這些名詞不是從課本中習得，倒是很常從在地人口中聽聞，什麼誰家的祖厝又翻到了寫有羅馬拼音的契，或是老家田地被中研院的李匡悌教授借去「考古」，又挖到了什麼瓷碗陶甕。

在久居新市的親族口中，「番仔」指的是新港社的西拉雅族，親戚朋友們說起這個詞的時候也沒有貶意，只是習慣用舊地名來指稱兒時熟悉的住所，比如番子寮（永就）、番子厝、番仔巷（福壽巷）。雖然大多數人是以閩南漢人的方式生活著，但有血緣關係的姬、標等姓氏親族還是不少，老人家總會憶起在兒時老三合院的廚房裡，曾經供奉著豬骨、榕樹枝和米酒。而有拼音的「地契」，就是用新港文字寫成的「番仔契」。十七世紀上半葉，荷蘭東印度公司爲了與臺灣原住民溝通，因此開始了教授羅馬拼音的工作，又因其主要使用於新港社一代，所以也被稱爲「新港文書」，不僅拿來傳教，也作爲立契之用。

陳春木與平埔調查

一九二六年，陳春木意外在菜寮溪發現了化石，此後，國內外學者紛紛前來菜寮進行調查，不僅前來挖化石、探地層，西拉雅文化也是深入研究的主題。

做過戶籍課長的陳春木時常陪同研究者走跳在曾文溪與左鎮一帶的平埔社群，像當時在臺南第一高女（今國立臺南女子高級中學）教書的國分直一（一九〇八－二〇〇五）就是陳春木的常客。而這些由陳春木陪同專業研究者所完成的訪調，也留下了許多珍貴的第一手田野資料與照片。其中，新娘服屢次出現在影像紀錄之

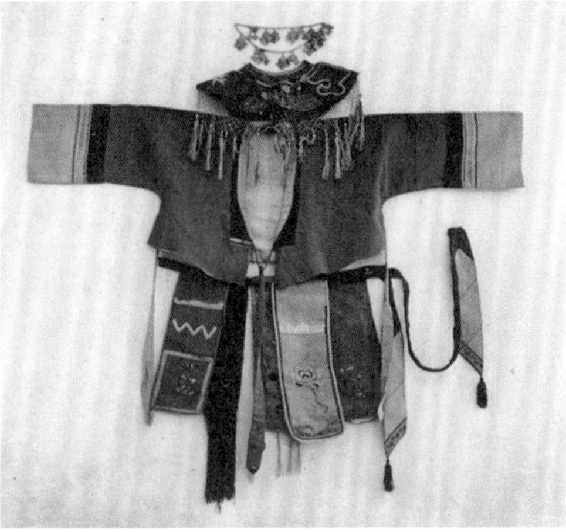

圖 1、臺南文史收藏家黃天橫所拍攝的「平埔族新娘衫」，與本文所指的物件形式相當。
（圖片來源：黃隆正）

圖 2、此套新娘服與本文所述左鎮新娘服推測應為同一物件。
（圖片來源：劉斌雄田野普查 1957-1962，中央研究院民族研究所博物館藏。）

中，除了黃天横（一九二二—二〇一六）的攝影版本，中研院劉斌雄（一九二五—二〇〇四）在澄山部落的一批紀錄中，也留有新娘服和陳春木合影的蹤跡，而這件被拍攝的新娘服，後來更成了臺南左鎮化石園區的館藏品。

來自山豹部落的新娘服

但到底這套新娘服是如何從部落的婚俗用品變成館藏？二〇一六年，爲了追尋新娘服的來歷，作爲自然史教育館夥伴的國立臺灣歷史博物館從「物」出發，帶著中研院的老影像，前往澄山社區活動中心，尋找線索。

一位老翁的出現讓新娘服的故事再度現世。名喚哀安隱（一九四〇—）的老翁找出祖母羅緞的照片細說從頭：「那件衣服是我最愛的阿嬤結婚嫁進來所穿的新娘服，我阿嬤叫羅緞。那件衣服是他從左鎮嫁來山豹穿的新娘服，很漂亮！」從頭巾到繡鞋，配飾珠玉到銀飾，阿嬤如何出借新娘服給其他女子穿戴，哀阿伯對這件嫁衣有著滿滿的回憶。

後來，這套嫁衣由父親哀玉正（一九一七—？）保管，直到哀安隱十多歲時，春木伯前來向父親拿走嫁衣之後，就沒有了嫁衣的消息。若對照陳春木在一九九八年《臺南地方鄉土誌》中的紀錄與照片，他在一九七四年與劉茂源走訪西拉雅族部落時，就已經發現傳統結婚禮服及女用盛裝幾乎沒有留存，不過因爲陳春木處仍保有一套新娘服，在該次的田野調查中，就請口宵里的西拉雅少女著裝之後留影。與服飾搭配的照片中，還有一組項鍊，但已不存在在今日的這套收藏內。而這些紀錄與照片，恰好是哀安隱口中的那套嫁衣，推測下來，應該正是這件典藏品。

與史料對話：新娘服的形式與材質

仔細端詳這套新娘服，是由三個部件組成，分別為上衣、雲肩與腰帶。紅色上

圖 3、劉茂源與陳春木走訪部落，請西拉雅少女穿起新娘服讓他們記錄。
（圖片來源：陳春木，《臺南地方鄉土誌》〔臺北：常民文化，1998〕。）

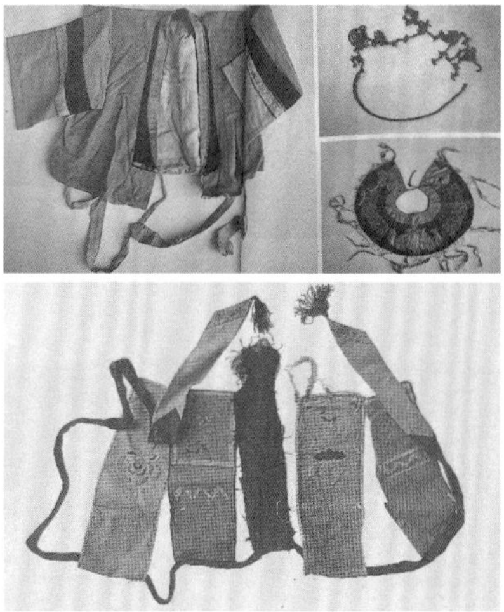

圖 4、當初此套新娘服尚有一配件——銅製項鍊，但在目前館內的收藏中已不見蹤影。
（圖片來源：陳春木，《臺南地方鄉土誌》〔臺北：常民文化，1998〕。）

註1｜澄山社區位於左鎮區，主要由澄山、二坑、過嶺與山豹四個聚落組成，離卓猴車程約二十分鐘。

衣領口與袖口飾以黑布與黃布，雖然因年代久遠，服飾上的顏色與繡線已嚴重脫落，但透過放大鏡，仍能見「X」形織紋，這正是西拉雅族常見的十字繡工法。

若從史料描述翻找起，關於左鎮西拉雅族的衣飾紀錄，可以在一七二二年（康熙六十一年）巡臺監察御史黃叔璥（一六八二—一七五八）所寫的〈番俗六考〉[2]中窺見：「番婦衣短至腰，或織茜毛於領，或緣以他色。腰下圍幅布，旁無襞積為桶裙……」國分直一也曾在一九四一年出刊的《民俗臺灣》內談過新市一帶的平埔族聚落，其中一段恰好就是在描述西拉雅族新娘服：「一位七十二歲的老婦人當年嫁人時所穿的結婚禮服仍保留著。禮服的上衣是件短到腰身以上的紅色毛衣，袖口的地方縫有藍布帶狀的棉布條……」。推敲起來，這名國分直一遇見的老婦和羅緞的年紀應該差不多，嫁衣的形式也相差無幾，只是一個在新港社，一個在山豹部落。

回到現有的服飾上，新娘服的材質近似麻，纖維較粗。短襬與斜襟及左右各一對綁帶，如同過去平埔族影像中的傳統女子上著。圓形雲肩在穿戴時要圍於領口，四周配有流蘇、珠玉，上有蝙蝠、石榴等繡片，本體為深藍底與紅色、淺紅色的搭配。腰帶則由七片配帶組成，配色與上衣一致，中間為黑色流蘇，另飾以對稱形狀的紅黃布片，上繡有石榴與植物紋樣。

關於紋樣，在其他西拉雅的衣飾中，十字繡的紋樣多與族人生活的自然景象相關，例如環頸雉、八瓣花、酢醬草、山形紋、魚骨繡、連續藤蔓的箭頭紋、卍字、黑狗、飛鳥、人物等。而這套新娘服中，所看到的是蝙蝠（福氣）與石榴（多子多孫）等漢人常使用的喜慶符號，可見西拉雅人與漢民族的文化交流後的文化適應，表現在這件衣飾文化上。

圖 5、西拉雅族新娘服複製品，依據左鎮教會的牧師提供之服裝重製。
（圖片來源：臺南市政府原住民族事務委員會）

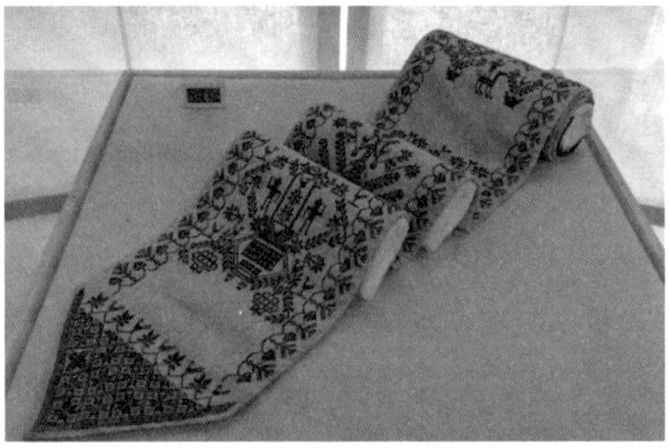
圖 6、劍帶，大量使用西拉雅族紋樣，用途為棉床前的垂吊裝飾，多為兩件一組。
（圖片來源：臺南市政府原住民族事務委員會）

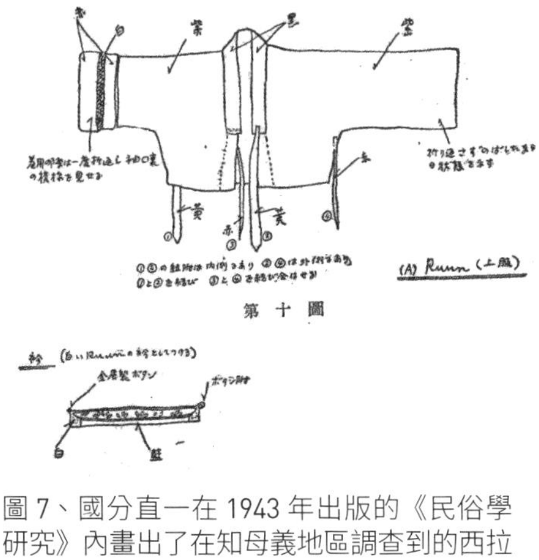

圖 7、國分直一在 1943 年出版的《民俗學研究》內畫出了在知母義地區調查到的西拉雅服飾簡介，也與此物件一致。
（圖片來源：〈知母義地方の平埔族について〉，《民族學研究》1 卷 4 號（1943），頁 441-467。）

註 2 〈番俗六考〉爲《臺海使槎錄》其中三卷，黃叔璥以地理分布和稅餉徵收，將諸羅縣境內原住民由南到北劃分爲十群，並記錄各番社的居住、飲食、衣飾、婚嫁、喪葬、器用等六項。

臺南四百・返來做「番」

追尋「左鎮新娘服」的來歷與身世之後，如果透過 Google Map 遊轉在新市與左鎮一帶，開著車來回臺二十線，或在漫步新化林場時看見「往澄山」的路牌，可以發現沿途佈滿了西拉雅的痕跡，除了可以更認識與加深與臺南的關係，也是一種在地認同的實踐。

奠基在四百年來文史前輩田野調查的養份，以及平埔先祖們在嘉南平原上的自由奔放、與國際社會接觸的經驗。當代的我們不會只能以殖民者的眼光重返歷史，而是可以從自身的體會開始，除了史料之外，再次走進田野、踏溯地方風土與過去，便能夠成就當代的歷史詮釋與文化軌跡。我們也可以像國分直一、陳春木那樣，建造出一種新的身分認同與地方認識，不管有沒有血緣上的關係，也可以追溯著歷史，一起返來做「番」，續寫屬於臺南的族群故事。

延伸閱讀

1 葉石濤，《西拉雅末裔潘銀花——一個西拉雅族女人的故事》（臺北：草根出版，二〇〇〇）。
2 陳柔縉，〈我是平埔族〉，《舊日時光》（臺北：大塊文化，二〇一二）。
3 游永福，《尋找湯姆生：1871 臺灣文化遺產大發現》（新北：遠足文化，二〇一九）。

03 左鎮新娘服

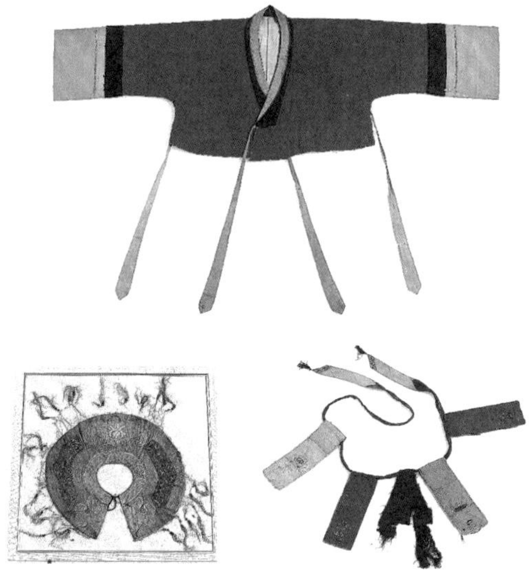

（圖片來源：臺南市政府文化局）

年代＼推測約於西元 1890-1910 年間製作

登錄號＼TNET-0495、TNET-0497、TNET-0499

典藏地
臺南左鎮化石園區

文物圖解

1. 此件「新娘服」包括窄袖短腰上衣，配件中的圓形雲肩、腰帶。
2. 窄袖短腰上衣：常見的西拉雅族上衣為窄袖短腰的形式，異於漢式服裝。
3. 刺繡圖騰：西拉雅族服飾常見細緻的十字繡工法，並繡以傳統植物、動物圖騰。

海國交流

善惡難分的鬍鬚男

撰稿：王柏喬

高溫陶器 stoneware —— 炻器、硬陶器

在二〇〇三至二〇〇五年的熱蘭遮城發掘中，從半圓形碉堡西邊的探坑裡出土了一批表面帶有著許多褐色斑點的陶器碎片。這種陶器材質不像潔白無瑕的青花瓷那樣美麗，卻十分堅固耐用；然而這種陶器最特別的，是在壺頸的地方，雕著一個滿臉鬍鬚、長相粗獷的男人臉。它是德國產「鬍鬚男陶壺 Bartmann jug」，可說是歐洲中世紀之後最出名的陶器之一。著名的陶瓷史學者謝明良教授根據材質、顏色等進行考證，認爲它應該是德國萊茵地區弗列亨的產品。

人類從新石器時代開始，就會揉土燒製陶器。不過要把陶器燒得堅固，最需要克服的因素是「溫度」。新石器時代的人因爲無法將燒製溫度提高到攝氏上千度，陶器品質相對脆弱，有時甚至用手就能將一片陶片掰成兩半。這樣的古老原始陶器，臺灣多稱爲「史前陶」，日本則稱爲「土器」。

當近代人們的高溫技術進步，有辦法把燒製溫度提高到攝氏一千兩百度以上時，陶器就會出現「玻璃化（vitrified）」的現象。當陶器出現玻璃化、結晶化的狀

況時，就會變得非常堅硬、耐用，如石頭一般，因此英文稱爲「stoneware」，日本翻譯爲「炻器」。但因爲在臺灣的考古學中「炻器」的發音容易與「石器」混淆，習慣上稱它爲「硬陶器」。而鬍鬚男陶壺所使用的技法，又牽涉到在燒製過程投入鹽，讓鹽中的鈉與陶土中的矽在高溫中結晶，於表面上形成一層透明的釉，因而被稱爲「鹽釉器（salt-glazed）」。因爲它表面形成的斑點像是貓科動物的花紋，在英國又一度被稱爲是「老虎陶（tigerware）」

圖 1、鬍鬚男陶壺以及萊茵陶器考古出土分布圖。大紅點為有鬍鬚男陶壺出土，小黑點則為萊茵陶器出土。
（圖片來源：Christoph Keller 2023，https://doi.org/10.5281/zenodo.7516266）

高溫陶器在歐洲的發展可追溯到知名的查理曼大帝時代，現在德國萊茵地區（Rhineland）從七到八世紀開始就是製陶重鎮。過了一千年後的十七世紀，荷蘭人訂製的萊因陶器被帶到臺灣，可見該地出產的陶器有多受歡迎。

根據目前的考古研究，鬍鬚男陶壺以及其他萊茵陶器隨著貿易路線遍布全球：除了在歐洲有大量發現外，北美洲東岸、南美洲、非洲沿岸、亞洲的印尼、馬達加斯加、臺灣、日本，以及澳洲西岸都有出土。可以說從萊茵陶器的出土分布，就能見到歐洲人在航海時代往外擴張的航行路線。

高溫陶器之所以成爲歐洲人生活中最主要的器皿，很大的一個原因與他們經歷黑死病疫情有關。當時的人們雖然還不知道細菌的存在，但可以理解不乾淨的飲食容易致病。傳統上使用的木頭製、金屬製的碗盤都容易藏汙納垢，雖然玻璃容器容易清潔，但同時它也造價不菲且容易破碎。而高溫陶器堅硬、耐用、便宜又容易取得，並且表面的釉讓它具有防水、好清潔、不容易積攢汙垢的優點，成爲人民盛裝食物、飲料的首選。

鬍鬚男陶罐與黑暗時代的警世箴言

擁有鬍鬚男臉裝飾的陶壺，是從德國科隆（英文「Cologne」，德文「Köln」）、弗列亨出產，大多是用來盛裝酒精飲料。在中世紀時代人們生活的衛生條件差，乾淨的水源比啤酒更難取得，因此啤酒成爲人們飲水上最安全的選擇。啤酒暢銷，作爲容器的陶壺自然也被大量的製造。不過表情猙獰、造型粗獷的鬍鬚男形象，爲什麼會被大量使用呢？考古學者指出，在那個生活困苦的中世紀時代，人們有使用「反神聖」圖像來道德教化的傾向。相對於用美觀的「神聖圖像（holy image）」，「反神聖（anti-image）圖像」特別強調罪惡的負面意涵，來嚇阻不道德的行爲發生。例如有些鬍鬚男陶罐上會加上被蛇引誘食用禁果的夏娃圖樣。

因此，鬍鬚男一方面像是酒館裡陪你喝酒的粗獷男子，一方面又像蓬頭垢面的先知嚴正地警告你別再喝酒傷身了！在十七世紀的畫作中，鬍鬚男陶壺常與美食、飲宴連結在一起。如果在畫作中看到有人拿著鬍鬚男的陶壺，多半暗示這個人是名醉漢，正在一個喝酒狂歡的場景裡。

圖 2、17 世紀荷蘭畫作，可見左邊畫中人手提一個鬍鬚男陶壺，Quiringh Gerrit-sz van Brekelenkam，1664 年。（圖片來源：荷蘭國家博物館）

鬍鬚男本人究竟是什麼來頭，眾說紛紜。在維多利亞時代的英國，鬍鬚男壺一度被稱爲「白敏壺（Bellarmin-jug）」指涉對象是十六世紀曾經參加過審判伽利略的義大利神學家羅伯．白敏（Roberto Bellarmino）。另外，也有人說鬍鬚男是爲了要諷刺在十六世紀以鐵血手段殘酷鎮壓新教徒、鎮壓荷蘭獨立抗爭的西班牙「鋼鐵公爵（Iron Duke）」阿爾巴公爵（Fernando Álvarez de Toledo, Gran Duque de Alba）。除此之外，希臘神話海神歐開諾斯（Oceanus）、代表狂歡的酒神薩堤

圖 4、Johann Friedrich Greuter 製 作的羅伯·白敏之畫像，1621-1662 年。（圖片來源：荷蘭國家博物館）

圖 3、荷蘭畫家 Maerten Boelema de Stomme 繪製的《靜物與鬍鬚男陶壺、鸚鵡螺形杯》（Still life with a "Bearded Man" crock and a nautilus shell cup），1642-1644 年。（圖片來源：比利時布魯塞爾皇家藝術博物館）

爾（Satyr），甚或是基督教的魔鬼路西法（Lucifer）等形象都曾被認爲可能是鬍鬚男的原型。這些形象一半正面、一半負面，表現出古歐洲人對酒精懷抱著矛盾的心情；喝啤酒一方面是享樂，另一方面卻又代表著墮落。

在熱蘭遮城考古出土的德國陶器中，還有一枚陶片刻著知名的阿姆斯特丹市徽——三個垂直排列的 XXX 符號，顯然萊茵地區的陶器也接受荷蘭的客製化訂單。這個市徽的由來衆說紛紜，最廣爲流傳的說法是認爲它們代表阿姆斯特丹克服的三大災禍——火焰、洪水與黑死病，表現出阿姆斯特丹人的堅韌與勇敢。不過根據考證，這個說法應該是後世形成的都市傳說；因爲阿姆斯特丹的貴族在黑死病傳入歐洲前，就

圖 6、義大利雕刻師 Marcantonio Raimondi 的作品，《酒神薩堤爾跟蹤仙女》（Satyr besluipt een slapende nimf），1510-1527 年。作品中可見代表狂歡的酒神滿臉鬍鬚、姿態猥瑣的形象。
（圖片來源：荷蘭國家博物館）

圖 5、荷蘭畫家 Philips Galle 描繪的希臘海神歐開諾斯畫像。
（圖片來源：荷蘭國家博物館）

已經在使用這個符號了。目前最可信的說法，大概是認爲這三個 X 是聖安得烈（St. Andrew）的十字。傳說聖安得烈與他的兄弟聖彼德原本都是漁夫，是耶穌十二門徒中第一個成爲門徒的聖人，最後在希臘被釘在 X 形的十字架而死。阿姆斯特丹原是個小漁村，因而選擇了聖安得烈的十字作爲市徽。

圖 7、荷蘭國家博物館館藏的鬍鬚男陶壺，上有阿姆斯特丹市徽 XXX 的圖樣。
（圖片來源：荷蘭國家博物館）

大航海時代的酒壺

與安平壺的分布十分相似，德國陶器在亞洲地區出土的地點，幾乎都在十七世紀航海貿易的路線上。除了熱蘭遮城以外，在澎湖的風櫃尾城堡遺跡，還有日本與荷蘭人殖民的印尼，都有十七世紀的德國陶器現蹤。在大航海時代，水手長期被關在船上，酒精飲料不只是作爲娛樂紓壓飲品，更是唯一可信任的乾淨飲料。雖然出海時船上也會帶上淡水，但船隻上經常出現的狀況是酒精飲料（例如啤酒、蘭姆酒）會被飲用殆盡，而淡水卻沒人要喝。主要原因是那個年代可沒有餘裕把清水都煮沸消毒，況且只要被老鼠等疫病源沾染過，被汙染的淡水很可能就會致病（很不幸的，那個年代也還沒有濾水壺），而酒精可以避免飲料滿是細菌的情況。另外，在海上航行，生鮮食物常使用鹽醃漬來保存，酒精則能夠中和高鹽的重口味食物。再者，啤酒含有不少維他命B，對於飲食來源單一、缺乏營養的水手來說是相當重要的營養來源。酒除了是貨品之外，也是水手在船上生活的必需品。裝載著福建燒酒的安平壺在大航海時代大量出現，則與鬍鬚男陶壺的廣泛傳播有著異曲同工之妙！

延伸閱讀

1 ATTARD, R., AZZOPARDI, R. and CASHA, K., 2014. *Early German stoneware*. Atglen, Penn: Schiffer.

2 謝明良，〈記熱蘭遮城遺址出土的十七世紀歐洲和日本陶瓷〉，《國立臺灣大學美術史研究集刊》第十八期（二〇〇五），頁二〇九—二三四、二三六。

3〈熱蘭遮城遺址出土的德國鹽釉器〉，《故宮文物月刊》第二八八期（二〇〇七），頁七十八—八十七。

04 鬍鬚男陶壺碎片

（圖片來源：臺南市政府文化局）

年代＼17 世紀

產地＼德國弗列亨

典藏地
熱蘭遮城博物館

文物圖解

1. 陶壺上有著個滿臉鬍鬚的男子雕刻，看起來十分粗獷，有些可怕，鬍鬚男究竟是誰呢？
2. 陶器晶亮的表面，是在燒製過程投入鹽巴的結果，因此這樣的陶器又稱之為「鹽釉陶」。
3. 陶壺上有三個併排的 X 圖案，是荷蘭阿姆斯特丹市的市徽，代表著耶穌門徒聖安得烈的十字架。

見證國際貿易與原住民信仰的神秘瓷壺

撰稿：王柏喬

圖1、龍泉窯 青瓷雙魚洗 國立故宮博物院臺北，CC-姓名標示-4.0宣告@www.npm.gov.tw

「安平壺」大概是臺灣最知名也最神秘的考古遺物。這種平口、折肩、斜腹、平底，通常有著青白、灰白顏色的小瓷壺，是目前全世界唯一一種在學術研究上，以臺灣地名來命名的考古遺物。不過，它有許多民間的俗稱，例如宋硐、龍泉窯瓷瓶、宋甕、宋陳甕、明瓷、火藥罐、國姓瓶等不同的名字。因爲過去很長一段時間，雖然到處都可以見到它，但沒有人眞的確定它是從哪裡來，功能是什麼，爲什麼會在臺灣發現這麼多的數量？

從「宋硐」、「宋甕」這些俗稱來看，顯然許多人見到安平壺，會從它青白色外觀，聯想到宋代古瓷；在元代受蒙古帝國帶來的西域風格影響而開始流行白底藍紋的青花瓷之前，青綠色的青瓷才是宋帝國最受歡迎的瓷器。

不過這個頗有古風的青灰色瓷壺，並不是宋代古青瓷，而是一種在明末清初突然出現在世界各地與中國有航海貿易的考古遺址或沉船遺址裡的神秘瓷壺。除了臺灣以外，安平壺出現在世界各地的古港口或交易站，例如荷蘭人在臺灣蓋的熱蘭遮城、澎湖的風櫃尾城堡，西班牙人蓋的基隆社寮島薩爾瓦多城；日本與荷蘭人貿易的長崎商館，東南亞的印尼爪哇島、越南會安等地，都是各國的對外貿易重鎮。然而，沒有一個地方像臺灣一樣有這麼多安平壺出土，不談考古光是出土就有千件以上，連許多家裡曾經動土蓋過房子的安平人，都能在自家地底下的土層中看到許多安平壺碎片。至少從日治時期的學者國分直一就已經用安平來稱呼這樣的瓷壺，而在研究上慢慢成為一個約定俗成的說法。

高雄的左營舊城遺址中也有不少安平壺出土，相傳左營舊城是鄭氏在高雄的前鋒尾軍屯所在地。很顯然的，安平壺出現的地方，跟荷蘭人與鄭成功勢力在大航海時代在各國做貿易的路線有關係，也難怪有人稱它為「國姓瓶」。

臺南市立博物館所收藏的這件安平壺，上面寫著「云友」字樣。在日本出光美術館，以及臺南第一高級中學收藏的安平壺上，都能見到同樣的字款，因此「云友」兩字應該不是陶工的隨手塗鴉，而可能是類似商標的記號。

安平壺造型樸實，就美觀程度來說，它的顏色、大小、厚薄常能見到參差不一的狀況，與有如藝術品一般的高級青花瓷相比顯然是相當粗糙的；但如果作為一般

圖 2、臺南第一高級中學收藏的「云友」款安平壺。（圖片來源：蘇峯楠）

儲物的陶甕或陶罐來使用，則可說是成本不菲的高級品。從胎土緊實、堅硬的程度來看，它的燒製溫度具有瓷器的水準，且通常不只外表從口到底都施了透明釉，甚至連內裡都施滿釉料。安平壺的製作顯然在防止水氣往外滲透這點下了工夫，因此很可能是盛裝酒水所用的器皿。

目前陶瓷研究的學者普遍認爲，安平壺的製造可能來自福建邵武地區，後來因爲從福建出口燒酒而傳播到各地。據海洋史學者陳國棟教授指出，從荷蘭人的文獻中可見到他們進口了許多「Samsoe」、「Samsou」，應是指漢語中的「三燒」酒（意即蒸餾過三次的烈酒）。不過，陶瓷史學者謝明良、坂井隆教授則指出，爲何在理應禁酒的印尼伊斯蘭教王國中，也有出土安平壺的紀錄呢？因此，也有安平壺是用來盛裝茶葉的說法。

另外，不論在學界或是民間，也有安平壺是「火藥罐」的說法。例如日治時期的文人連橫曾留有文字表示自己在荒廢的赤崁樓地底下與清代火藥局內看到過未開封的安平壺，他懷疑安平壺是荷蘭人與清人的火藥罐。而在荷人的記載中，也的確提到過他們要求士兵使用酒罐來盛裝火藥，比起使用木桶，更能保持火藥的乾燥。

安平壺與西拉雅族的祀壺

安平壺作爲盛裝貨品的容器進入臺灣，卻慢慢被賦予了另一層意義。這個故事就讓我們從一位俄羅斯的海軍軍官說起吧！

一八七五年的一月二十一日，年僅二十三歲的俄國海軍准尉保羅．伊比斯（Pavel Ivanovich Ibis）從打狗港（今高雄）上岸。那時候距離荷蘭人離開臺灣已經兩百多年，不過那陣子南臺灣出了大事，再次吸引了世界列強注意力，開始關注這座島嶼。一群因爲船難而漂流到今屏東八瑤灣的琉球人，被當地的排灣族原住民殺害；日本帝國因此跟清帝國開始爭論臺灣的所屬權，後來日本人派兵入侵原住民領域，引發了著名的「牡丹社事件」。

爲了了解清日之間的衝突以及這座島嶼，伊比斯從南到北在臺灣遊歷了一個半月。其筆下仍然以福爾摩沙稱呼臺灣，他細膩的觀察著臺灣各地人們的種族、物質與精神文化、社會階級、長相、身材、衣著、日常用品等，並留下一篇篇珍貴的紀錄。在他眼裡福爾摩沙人大多心地善良、身心健康（他寫到沒有天花、梅毒等疾病的傳播，且每戶都生育了許多孩子）、道德高尚（特別提到福爾摩沙人結婚得早，卻沒聽說有外遇等情事——似乎對他來說是很值得一書的美德）；他認爲相較於紐西蘭與澳洲的原住民被殖民帝國迫害而生活於困苦中，福爾摩沙的住民仍然相當程度上保有自己的生活方式。

當他來到臺南的頭社時，他形容這個地方是「完全隱藏在竹林和檳榔園間的大村莊」，除了少部分人已經改爲信仰基督教，大部分人「崇拜古老的鹿頭骨和鹿角」。他表示沒有在其他地方見到像西拉雅族這樣有著類似祭壇的祭祀空間，並留下一張公廨內祭祀擺設的素描。

伊比斯寫道：在頭社，有兩間小屋作爲此用。其中一間就位在村裡，後方牆壁上掛有鹿角，兩側對稱位置有兩支鐵矛和幾副鹿頭骨，上面掛滿彩色的石頭。據說這些法物已有三百多年的歷史。法物的前方是供品；有裝水的小罐、盛三燒的小玻璃杯子和一束束檳榔。另一處位在村莊後方，在四面敞開的棚屋中央，頭骨就綁在柱子上。

每一個平埔族人每月都要向這些頭骨獻祭兩次。在進入公廨之前，要摘下纏頭巾。婚禮當天，新郎會偕同新娘來到頭骨前，嘴裡含著白酒，噴灑在頭骨上，然後才是舞蹈和宴席。有孩子出生、親人死亡或遭逢災厄時，他們也會這麼做。

圖 3、保羅·伊比斯留下的頭社公廨素描。可見到中間盛水的壺，造型類似安平壺。
圖片來源：Ibis, Paul. Auf Formosa Ethnographische Wanderungen. *Globus* 31 (1877): 231

保羅．伊比斯描述的西拉雅族祭儀擺設，跟後來在日治時期來到臺南做研究的日本考古學者國分直一觀察到的情況十分相似；國分直一觀察到佳里北頭洋公廨中使用安平壺作爲祀壺的現象。安平壺之外，甚至見到了註記爲蘇格蘭城市格拉斯哥（Glasgow）製造的瓷瓶，可說是個相當國際化的公廨。

安平壺除了不時被用在西拉雅族的祭儀外，也出現在東部的淇武蘭考古遺址，被噶瑪蘭族作爲陪葬品。安平壺的出現，是大航海時代慢慢把臺灣原住民拉入世界貿易體系的象徵之一。

然而，值得換個角度思考的是，「國際化」的開始對原住民而言可說是充滿哀愁的殖民史之開端。當荷蘭人選中安平作爲貿易據點時，就決定了西拉雅族的命運

圖4、臺南文史專家黃天橫先生早年調查時在臺南山上鄉的平埔族公廨中拍攝到的安平壺。
（圖片來源：黃隆正）

——站在第一線面對外來殖民的衝擊。被荷蘭人拉入世界貿易體系之後，原本豐富的鹿群很快就因爲鹿皮買賣而消失了，人們不再能透過打獵自給自足；外人帶來的各種器皿取代傳統陶器，製陶工藝慢慢流失了；爲了在強勢的漢人移民社會下生活，連族語都漸漸消失。而外國來的安平壺、玻璃杯構成了他們的無形文化遺產——祀壺文化的一部分，成爲西拉雅文化中最能和其他族群區隔的特徵之一。

「祀壺」的說法來自國分直一在日治時期研究西拉雅族的經典著作《祀壺之村》。不過，「祀壺」這個詞並不是完全準確。西拉雅族人並非崇拜祀壺本身，具有意義的是祀壺所盛的水，是乘載著代表祖靈神威的「向水」。根據西拉雅族人類學者段洪坤先生的觀察，在吉貝耍部落亦有見過使用養樂多瓶、飲料玻璃瓶作爲盛裝向水的容器，意即比起壺的本身，儀式背後非物質意涵能夠賦予物質新的意義。原本作爲貨品，已經結束生命史的安平壺，在西拉雅原住民社群中成爲神聖空間的一部分。

如今在臺南西拉雅族吉貝耍部落，還能在公廨裡看到作爲向壺使用的安平壺繼續在文化脈絡裡被活用，比起放在富麗堂皇的大博物館、骨董拍賣市場裡的精緻藝品，想必更具有不同層次的價值吧！

圖 5、2023 年西拉雅吉貝耍夜祭大公廨中的祭祀情況。
（圖片來源：王柏喬）

圖 6、吉貝耍北公廨內在今日仍使用安平壺作為向壺。
（圖片來源：許靜慧）

安平壺的臺灣個性

安平壺雖然不是「臺灣製造」，但它的身世可說是近代臺灣社會在四百年前塑形的縮影。它在福建製造、出口，大航海時代隨著商人在海外闖蕩，最後進入臺灣社會；它讓人想到國姓爺鄭成功的「國姓瓶」，也一度成爲西拉雅族古老文化傳承的一部分。如果在路邊踩到安平壺的碎片，請記得想起這段大時代的歷史。

延伸閱讀

1 謝明良，〈從新發現的一處安平壺窯址再談所謂安平壺〉，《臺灣文獻》第七十三卷第二期（二〇二二），頁二八一—二九六。

2 Ibis, Pavel Ivanovic 原著，劉宇衛編著、導讀，《1875 福爾摩沙之旅—俄國海軍保羅·伊比斯的臺灣調查筆記》（新北：聯經出版，二〇二二）。

3 段洪坤，《阿立祖信仰研究》（臺南：臺南市文化局，二〇一三）。

05 云友款安平壺

（圖片來源：野象映畫）

年代＼約 17 世紀

產地＼中國福建

典藏地

臺南市立博物館

文物圖解

1. 平口、折肩、斜腹、平底的小壺是安平壺的特徵。
2. 它不只外面有施釉，連內裡都是施滿釉的。
3. 看看它壺口的形狀，是不是很適合綁條繩子在上面呢？

在沙丘上遙望世界的貿易瓷

撰稿：王柏喬

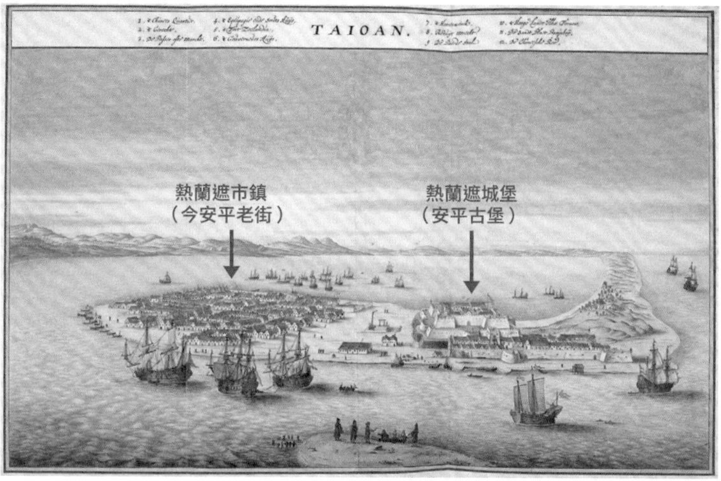

圖 1、17 世紀 Joan Blaeu 的繪圖，圖中右邊是熱蘭遮城，左邊則是漢人市街「熱蘭遮市鎮」（Stad Zeelandia），又稱「大員市鎮」，大約是今天的安平老街周圍之區域。
（圖片來源：Atlas Maior 圖集，Laurens van der Hem 於 17 世紀出版）

現在如果要前往安平老街遊玩，我們可以騎著 YouBike，從臺南市區出發，沿著運河邊的安平路一路前往安平古堡。不過，如果我們穿越時空回到荷蘭人來到臺灣的十七世紀，可就沒辦法這樣一路走到安平。想像一下在那個年代，大約從今日中西區西門路、新美街附近就得開始搭船，一直到現在「石門國小」的位置才能上岸。

在那個年代，老安平與臺灣本島之間有一個被稱爲「臺江內海」的海域。在荷蘭人來到這個被稱爲「大員」的地方時，它還是一個中

圖 2、安平古堡園區裡保留的國定古蹟熱蘭遮堡遺構，其為熱蘭遮城外城的南牆。（圖片來源：王柏喬）

圖 3、熱蘭遮城堡之北牆，位於現在國勝路、廟宇「安龍壇」旁，與民宅相鄰。（圖片來源：王柏喬）

國商人與西拉雅族原住民往來交易的海中沙洲。荷蘭東印度公司在這裡建造了一座名爲「熱蘭遮（Kasteel Zeelandia）」的城堡，城堡旁有讓商人與漢人移工居住的漢人市街「熱蘭遮市鎮（Stad Zeelandia）」，或稱大員市鎮。「熱蘭遮」一詞來自荷蘭的「Zeeland」省，意思是「海之地 Sea Land」。後來鄭成功用家鄉福建的安平鎮來命名此地，這個「海之地的城堡」便是現在大家俗稱的「安平古堡」。

荷蘭時期的熱蘭遮城，至今不只在安平古堡園區裡留下了一道紅磚牆，沿著園區圍牆外的國勝路繞一圈，仍然能夠見到數段四百年歷史的古牆靜靜地隱藏在民宅之間。

建在海上的老安平

二〇二一年，成功大學考古學研究所的考古隊爲了尋找熱蘭遮西牆範圍，在今天安龍壇與西龍殿之間的空地開挖考古探坑。結果遭遇各種困難，由於安平地區地下水豐沛、地質鬆散，需要不斷用機器抽取地下水，還要慎防大雨讓主要由沙子組成的荷蘭時期古地層崩塌。經過團隊近三個月的辛苦工作，總算能清楚呈現出西牆的遺跡，並且發現城內一棟緊貼著牆的倉庫建築，以及城外的水道系統。

荷蘭人的城堡與房屋，都蓋在黑色的海沙上，而今在這片沙子上，我們發現一片荷蘭人在十七世紀向明帝國購買，原本應該要坐船前去歐洲人桌上的「卡拉克瓷盤（Kraak Porcelain）」，靜靜地躺在熱蘭遮城城牆與倉庫的牆角。它或許是在海運

圖 4、熱蘭遮城西牆的考古發掘，以及卡拉克瓷盤出土之位置。
（圖片來源：國立成功大學考古學研究所）

圖 5、2022 年大員市鎮遺址出土的荷、鄭時期，貝殼、三合土與黑沙混合的古地面。
（圖片來源：國立成功大學考古學研究所）

的過程中破損了，因此被丟棄在臺灣的城牆邊，沒有和它的夥伴一起飄洋過海去到歐洲。

考古學者在熱蘭遮城以及大員市鎮的考古發掘中，發現不少荷、鄭時代購自明帝國、日本，來到臺灣進行轉運，準備賣到全世界的貿易瓷器。要說賣到全世界，這話可一點也不誇張；近到東南亞的印尼、越南，遠到中東、歐洲地區，都有這些瓷器的蹤跡。無論是走在熱蘭遮城博物館，甚或是漫步臺南古都時在腳邊看到了陶瓷器，都能想起它們所見證的一段過去，那場臺灣在十七世紀被捲入的諸國紛爭。

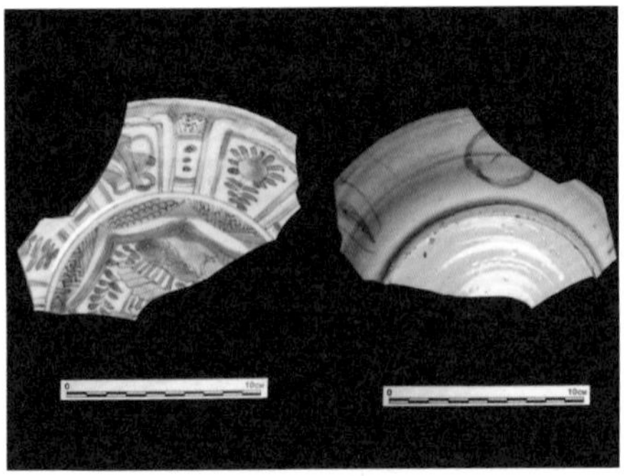

圖 6、熱蘭遮城 2021 年出土的卡拉克瓷盤。
（圖片來源：國立成功大學考古學研究所）

圖 7、「白獅號 Witte Leeuw」沉船出水卡拉克瓷盤（早於 1613 年）。
（圖片來源：荷蘭國家博物館）

圖 8、卡拉克瓷盤目前藏於熱蘭遮城博物館中。
（圖片來源：王柏喬）

中西混血的瓷器

這件現藏於熱蘭遮城博物館的卡拉克瓷盤，是一種在十七世紀盛行於歐洲—亞洲貿易的青花瓷器；它扁平的器形，以及瓷盤上數個方框中畫著花卉、葉片的圖案，是否呈現出與傳統中國瓷器不太一樣的感覺呢？

這種風格的瓷器被荷蘭人稱之為「卡拉克」（Kraak），過去一直認為荷蘭人將這樣的瓷器稱為 Kraak，是因為他們最早見到這種瓷器，是在海上擄獲了載滿這種瓷器的葡萄牙大船（Carrack）。不過近年經過學者的考證，發現當年葡萄牙人並不是稱這種船為 Carrack，這個詞反而比較可能是從英語系的語言轉化而來的。

卡拉克瓷器大多是扁平的盤子、碟子，裝飾的花紋特色為盤底用線圈出一個圓形的框，盤緣再用線條劃分出許多方框，每個框裡各別繪有各自的圖像。西方的學者稱之為嵌板式（panel）紋飾，因為它長得像房子牆壁地板常見的木頭鑲嵌板；中文世界的瓷器學者則用了另一個更優雅有美感、隱含哲理的名詞「開光」。開光之名引用了另一種亞洲瓷器的傳統風格，意指從一片單色的底圖中開闢一個空間進行繪畫，好像開了一扇窗讓光線照進來一樣。歐洲的學者對此說法有個浪漫的解讀，認為很像藏傳佛教裡「邀請佛陀把靈魂注入器皿」的意涵。卡拉克瓷的瓷器風格之所以成為「貿易瓷」（transitional porcelain）的典型，是因為它的裝飾與形狀風格都與中國本地的習慣有相當大的差異。

卡拉克瓷的器形與紋飾的發展過程，可說是一段東西文化交流的歷史。不論從東方或者西方人的物質文化上來看，它都是個十分奇異的物品。如果我們觀察卡拉克瓷盤的形狀，會覺得它們不太像是漢人習慣使用的碗盤，反而更類似歐洲人常用的金屬盤或木盤，就好像這幅一六三五年的荷蘭畫作《靜物與鍍銀杯》中用來盛裝海鮮、麵包的平底盤子。

從熱蘭遮城出土的這件卡拉克瓷器，因爲破損的關係，盤心的圖樣不是那麼清楚，不過可以見到盤緣有著像是向日葵的紋飾。向日葵大約是十六世紀才從美洲引進歐洲，約在十七世紀初到了東亞；也在差不多這個時候，成爲中國外銷瓷器的常見紋飾。例如著名的「白獅號 Witte Leeuw」與「萬曆號」沉船中，都有類似紋飾的瓷器出水。

圖9、荷蘭畫家 Willem Claesz Heda 的《靜物與鍍銀杯》（Still Life with a Gilt Cup），1635 年。
（圖片來源：荷蘭國家博物館）

中國出產的卡拉克瓷器，則是在盤心常見到中文世界的人物、山水，佛、道哲學，或牡丹、菊花等中國花卉的裝飾母題。例如瓷器上常能見到鹿、蟋蟀、蟾蜍，或者代表長壽的「壽老」形象。鹿在中文中與「祿」諧音，代表財運、俸祿滾滾來的意思；蟋蟀、蟾蜍皆有好運之意，相傳如果人家中出現許多蟋蟀，代表這家人財運亨通。

在荷蘭的貨運清單裡，曾記載畫有鹿的瓷盤是「有著奇怪長腳動物的奶油盤」；另外蟋蟀與蟾蜍等意象在歐洲民俗中，多被認爲具有害蟲的負面意涵。也就是說，進口商荷蘭東印度公司，可能並不真的理解這些東方風格的裝飾母題，但在歐洲的消費者眼中「異國風情」是主要賣點。

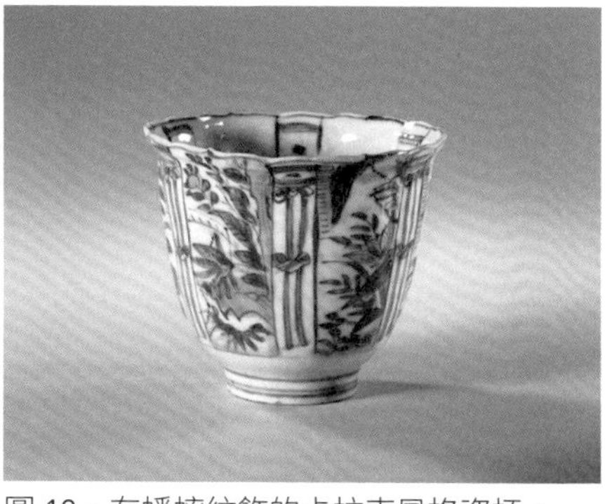

圖 10、有蟋蟀紋飾的卡拉克風格瓷杯。
（圖片來源：荷蘭國家博物館）

卡拉克瓷裡的東西方互相想像

在外銷瓷器上見到西方風格的裝飾，例如向日葵、鬱金香、甚或是教堂的圖案——看起來就像是歐洲人訂製的器皿吧？有趣的是，目前研究中少見荷蘭方面向

圖 11、有歐洲風格花卉的卡拉克瓷碎片—熱蘭遮城發掘出土。
（圖片來源：國立成功大學考古學研究所）

圖 12、頸部有鬱金香花紋，瓶身有中國人風格人物畫的貿易瓷器。
（圖片來源：荷蘭國家博物館）

中國指定有繪製歐洲風情圖案的要求，反而對於具有荷蘭意象的瓷器多有抱怨。在一封一六三九年荷蘭東印度公司寄到福爾摩沙的信件裡，特別寫到：「請注意務必排除掉所有繪有荷蘭花的瓷器。」另一封一六三五年的信件則是寫到：「荷蘭式圖案、花草，像現在那艘載有長頸瓶的戎克船一樣，都應該完全被排除掉，（那些貨品）到時一定連半價都賣不掉，（顧客）不會覺得有荷蘭式圖案的瓷器是奇異或稀少的。」

荷蘭派到中國下單的業務人員是不是將歐洲風格的陶器樣品送給景德鎮工匠作爲參考呢？不然怎麼會出現許多荷蘭風格的裝飾？他們沒想到是，雖然參考了荷蘭的器物外形，但在繪畫裝飾上，荷蘭的消費者還是比較想要有中國風格的圖案。

目前少有文獻見到歐洲向貿易商指定圖案的訂單文件；一件一六一四年荷蘭東印度公司關於瓷器的訂單上，簡要的寫到需要「平的碟子，像奶油碟、水果碟或其他碟子」；對於瓷器的尺寸，則是粗略地寫「最大的那種，稍微小一點的，還有再更小一點的。」也就是說，貿易瓷風格的形成，是由歐洲人的消費需求加上中國工匠的才華所交融而成。在那個沒有商品型錄或網路商城的年代，荷蘭的市場很簡單的提出他們想要的樣式，中國的瓷匠則是發揮了他們傳統的藝術美感並透過想像做出調整後的商品。對於剛走過中世紀的歐洲人而言，瓷器可說是一扇讓他們看到基督教世界以外，世界的另一個面向；除了異國風情以外，東亞文化中的佛、道哲學母題，也給予基督教信仰的荷蘭人在世界觀層面新的文化刺激。

從大員賣到全世界

臺灣在荷治時代，成爲荷蘭東印度公司重要的貿易轉運站。荷蘭貨品清單中大致把在福爾摩沙轉運的瓷器分爲精緻的瓷器（fine porcelain），和粗製的瓷器（coarse porcelain）。價值較高的細瓷，例如精緻的景德鎮瓷器除了銷往歐洲，波斯（今天的伊朗）以及摩卡（Mocha）等地，都有直接向福爾摩沙的中國商人下訂精緻瓷器的紀錄。

摩卡作爲葉門地區的主要港口都市，是咖啡、香料、織品、瓷器等珍貴貨品的貿易樞紐，它和福爾摩沙之間的航線在當年是歐、亞、非區域重要的商品、思想與文化交流途徑。另外相當多的粗瓷在福爾摩沙被轉運。這些粗瓷多半來自中國的漳州，漳州窯粗瓷價格較低，常交由華商的戎克船（Junk）轉運到東南亞的印尼、越南等地。

結語

觀察地底出土的古代遺物，就能讓我們一葉知秋的看到過去的世界脈動。瓷器的器形、彩繪紋飾中能看出中國式、歐洲式、日本式、伊斯蘭式等不同風格互相影響，反映出不同文化的互相交流。如果觀察到瓷器製作的品質變得粗糙，可能代表那個時代國際上發生了戰亂，各國的國力因此而下降。在熱蘭遮城出土的卡拉克瓷器，擁有著十七世紀最熱門的貿易瓷器風格，它曾經是歐洲人認識亞洲的一扇窗，讓我們見到歐亞文化交會的瞬間。

下次來到安平老街，除了逛老房子，看古蹟，吃蝦餅外，也試著想像四百年前這個被大海圍繞的城堡與小鎮，來往著世界各地的商船：不只歐洲人從瓷器中想像遙遠的亞洲，近到東南亞，遠到波斯，都曾向福爾摩沙下單訂購轉運的瓷器。漫步在臺南古都時，如果見到路邊的草叢中有陶瓷器，也能想想它乘載了什麼樣的歷史線索，更進一步思考我們應該如何保護考古遺址以及它所埋藏的故事。

延伸閱讀

1 歐陽泰（Tonio Andrade），《福爾摩沙如何變成臺灣府？》（臺北：遠流出版，二〇〇七）。

2 謝明良，〈記熱蘭遮城遺址出土的十七世紀歐洲和日本陶瓷〉，《國立臺灣大學美術史研究集刊》第十八期（二〇〇五），頁二〇六—二三六。

3 盧泰康，《十七世紀臺灣的外來陶瓷——透過陶瓷探討臺灣歷史》，臺灣歷史與文化研究輯刊：初編，第二十六—二十七冊（新北：木蘭文化，二〇一三）。

06 江西景德鎮卡拉克瓷盤

（圖片來源：臺南市政府文化局）

年代＼17 世紀前中期

產地＼中國江西景德鎮

典藏地

熱蘭遮城博物館

文物圖解

1. 仔細看，這件青花瓷盤不只胎土十分潔白，上面的花卉、葉片等圖案都是先用細筆描邊，中間再塗上藍色顏料。如此精細的畫工，在明末清初的時代可是只有中國的「瓷都」江西景德鎮才做得出來的上等瓷器。
2. 這件十分扁平的瓷器，是專門訂製賣去歐洲的外銷瓷盤。不只是因為歐洲人不如華人會使用碗，另一層原因是中國景德鎮瓷器在當年是非常高級的美麗裝飾品，在當時歐洲的富人家裡常把瓷盤掛在牆上作為擺飾。
3. 瓷盤上使用線條將花、草等圖案用格子隔開，也是當年外銷到歐洲的瓷器很經典的風格。這樣的風格被稱為「卡拉克」（Kraak）瓷器。

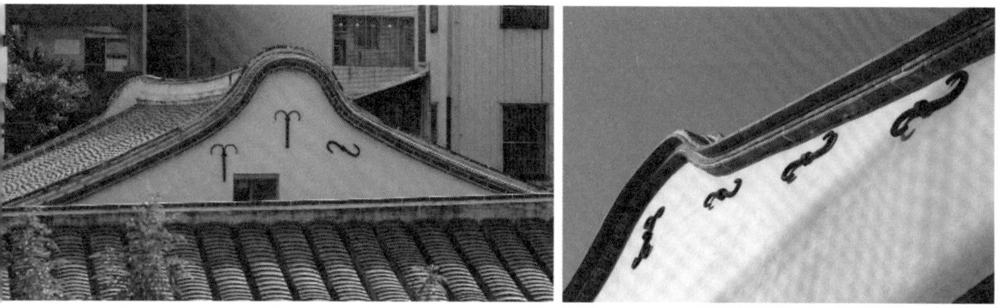

圖1、陳世興古宅的壁鎖。
（圖片來源：徐小媛）

中西合璧的鐵剪刀

撰稿：王柏喬

臺南市中西區可說是臺灣古蹟與老宅最密集的地方。如果到臺南旅遊，參觀完赤崁樓還有點時間的話，不妨在附近的巷弄裡走走。赤崁樓前身爲荷蘭人所建的普羅民遮城，旁邊的大天后宮則是原南明寧靖王朱術桂宅邸；沿著大天后宮旁的新美街，一路上會看到武廟、沙淘宮、總趕宮等鄭氏時期就已經存在的廟宇。

這些靠近新美街的老屋之所以這樣分布並不是偶然，主要是因爲這裡緊鄰當年的臺江內海，西門路、新美街這一帶大概是荷蘭人、鄭成功在臺灣時的海岸線；即使後來臺江內海逐漸淤積、陸浮，這個區域作爲五條港的一部分，有很長一段時間都是貿易繁盛的地方。

因爲熱鬧的商業活動而聚集在此的傳統小吃攤販，到現在還保留在赤崁樓旁的「石精臼」這一帶；在一般餐廳普遍早早關門的臺南，營業時間較晚的石精臼擔仔麵、蚵仔煎、米糕、牛肉湯等美食，對於深夜出門覓食的人來說實在是一大福音。

背對著石精臼，走過赤崁樓再往右拐，走進小巷子裡，會在萬福庵旁邊見到一座古色古香的優美宅邸。它是「陳世興古宅」，目前臺南保存最古老的住宅之一。根據裡面所掛的「貢元」匾額上記載的時間是一七一九年（康熙五十八年），以及「繩武太邱」匾額（一七五〇年，乾隆十五年），可見至少在十八世紀中期之前這座宅邸就已經存在了。在古宅的山牆上，可以發現爲數眾多、形狀不一的奇特鐵件被釘在牆上，那是俗稱「鐵剪刀」的「壁鎖」。如果在臺南旅遊時仔細觀察，從安平古堡到孔廟、武廟，許多臺南古蹟與老屋上都有這樣的鐵件。它究竟具有什麼功能呢？

圖 2、臺南市立博物館展出之壁鎖。
（圖片來源：蘇峯楠）

「壁鎖」的身世之謎

壁鎖是一種在荷蘭非常常見的建築構件，荷語爲「muuranker（讀音：木蘭科）」，意思是「牆壁上的錨」，是一種常出現在荷蘭建築牆上的小金屬棒。然而，穿梭在臺南古都時，人們如果不經意地抬頭看，不時也能在老房子牆面見到鑲嵌於其上的金屬構件。因爲它常呈現一種分岔、類似英文字母T的外型，臺灣民間稱其爲「鐵剪刀」。不過它的造型十分多變，像「剪刀」的T字造型僅是其中一種類型。

「壁鎖」是一個相當具有神秘色彩的建築構件，因爲它並不是建築中非常「必要」的物件。好比說全世界不論是哪國人蓋房子，任何一座房子都要有牆壁、地基、屋頂、地板、門、窗戶；但是壁鎖呢？在現代興建鋼筋混凝土的房子時，顯然並不需要它。久而久之，不只是對臺灣人，就連一般歐洲人都要慢慢忘記它的功能了，彷彿它只是一種「老房子上常會看到，但不太知道是什麼」的東西。而要了解它，我們得再一次穿越時空，看看古臺南人與古荷蘭人的生活環境。

圖 3、熱蘭遮城殘牆上的「鐵剪刀」。
（圖片來源：王柏喬）

「與水爭地」的臺南與荷蘭

壁鎖並非荷蘭獨有的建築物件，在亞洲的中國、日本，歐洲的英國、法國、德國、盧森堡、義大利、比利時等地的老房子上，都能看到類似的東西。不過，因爲壁鎖在荷蘭實在太常出現，於是慢慢變成荷蘭建築的「經典元素」；就連新蓋的房子，即使已經沒有實際需要，有時候還是會爲了造型美觀與歷史感而加上壁鎖。

爲什麼荷蘭是最常使用壁鎖的國家呢？這得從該國的自然環境開始說起。雖然我們習慣稱呼它爲「荷蘭」，但荷蘭所指的 Holland 實際上僅是該國其中的一個省。正式的國名應爲「尼德蘭 The Netherlands」，意思是「低地國」。國內大部分的土地原本是海洋，經由數千年來的泥沙淤積，加上古老動植物屍體腐爛分解而堆積成的泥炭層與沙混在一起才形成現在的樣貌。這個描述聽起來是不是有點耳熟？前面談史前黑陶甕棺、熱蘭遮城出土的卡拉克瓷等篇章，都聊過臺南是一個從水中建立起來的城市。原本廣大的臺江內海、倒風內海，在數百年間快速的淤積、陸浮，到今日連安平這個荷蘭人建造城堡的海中沙丘，都已經成爲臺南陸地的一部分。這多半得歸功

圖 4、荷蘭 Rijnsburg 村的現代新屋，為了造型而加上了壁鎖。（圖片來源：Williem Van Wijk）

古語中稱「青暝蛇（意卽盲眼蛇）」的曾文溪。這條大河在歷史中數次改道，帶來大量泥沙，不但使得許多古聚落因爲洪災而遷徙，還讓整個內海消失、把臺南許多三百年以上的遺址埋到了三、四公尺深的地底下。無怪乎日治時期日本人曾記載臺南起風時會飛沙走石，因爲臺南的土地含沙量非常的大。

臺南也和荷蘭一樣，都有廣大的低海拔區域，荷蘭甚至約有百分之二十六的土地高度低於海平面！如何處理洪水氾濫、海水倒灌的情況，就成爲古臺南人與古荷蘭人的共同議題。荷蘭風車之所以出名，就是因爲除了用來輾壓玉米外，風車還可以幫忙把水從低處往高處排出；另外也發展出了首屈一指的運河、堤防建造技術。而壁鎖會頻繁出現在荷蘭以及臺南的老屋上，應是因爲常把房子蓋在地質鬆軟的沙地上的關係。如果仔細觀察臺南的老房子，例如臺南西華堂，可以發現壁鎖基本上是一端釘在房子的木梁上，另一端在屋外「抓」住外面的磚牆。

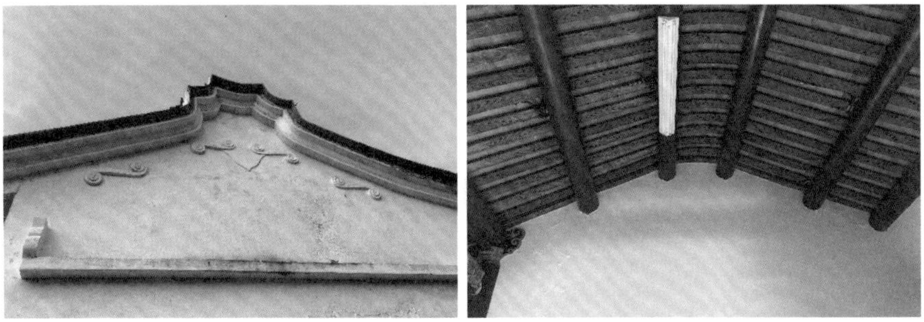

圖 5、左圖為臺南西華堂的壁鎖外觀，位置正對應到右圖，室內的木梁結構。（圖片來源：王柏喬）

研究壁鎖的英國學者雷諾斯（Patrick Reynolds）以及臺灣學者李志祥、許淑娟都提到壁鎖除了有穩定建築的功能外，也是老房子防止火災工法中的一環。人類從古早的木屋或草寮，慢慢轉變成使用磚來蓋房，主要的原因是磚造建築能夠減少房子的木頭結構比例以降低火災的風險。過去臺灣因爲燒磚的技術還不夠好，磚頭多半仰賴從中國進口，在磚頭要價不菲的情況下，會使用「斗子砌」這類用薄紅磚包著土磚的建築法。如此不只能省下磚頭的使用，也有隔熱、隔水的功能。不過斗子砌的方式會讓房屋結構較爲不穩，而壁鎖在此就發揮了把結構「抓緊」的功能。經過觀察研究，李志祥、許淑娟也歸納出壁鎖在臺灣，除了原本「強化房屋結構」的功能，或許還演化出「警訊裝置」的功能。因爲壁鎖連接著屋梁與牆壁，如果壁鎖出現變形或斷裂，老匠師就會知道房屋結構出現問題，需要盡早檢修了。

陳世興古宅

陳家是泉州人，明代末期陳登昌來到臺灣，之後長孫陳奇策一脈留在臺灣發展，其他族人又再回到中國；推測陳家古宅可能是在臺第三代陳奇策所建造。

對現代人來說，磚頭是相對便宜的建材，但在清代初期的臺灣，磚頭的取得可是相當不易。例如一七八八年（乾隆五十三年）福康安給乾隆帝的奏摺裡寫到「伏查臺灣地方窯座甚少，民間所用磚瓦皆自內地運來，臣成德詳核工價，此時因城燒磚建設窯座所費浩繁。若改用石料較磚城工費更數不貲……」，顯示出直到十八世

圖 9、陳世興古宅山牆上的壁鎖
（圖片來源：王柏喬）

圖 10、陳世興古宅山牆上的壁鎖
（圖片來源：王柏喬）

圖 6：陳世興古宅外觀。
（圖片來源：蘇峯楠）

圖 7、陳世興古宅。
（圖片來源：徐小媛）

圖 8、黃天橫先生拍攝早年陳世興宅的狀況，可見到山牆上有壁鎖。
（圖片來源：黃隆正）

紀末，臺灣的磚瓦自產量還是相當低，民間仍仰賴進口磚；一直到同治年間，每年臺灣還是會從中國大陸進口超過三十萬塊磚。

陳家能在那麼早的年代就使用所費不貲的磚材來蓋房子，可見其家世顯赫。陳宅前後兩進的壁鎖多達三十二個，不只數量多，所使用之壁鎖鐵件也比其他古宅中見到的更多、更大、更厚重，盡皆表現出陳家建造古宅時的講究。

結語

臺南先民使用壁鎖的狀況非常普遍，除了舊市區的古蹟如孔廟、大天后宮、武廟、西華堂等地有裝置之外，裝有壁鎖的老屋更是遍布臺南市各區。它究竟是不是一種荷蘭人留下來的技法呢？這種使用鐵件把牆壁與木梁釘在一起的技術，其實在世界很多地方都能見到。從熱蘭遮堡到漢人古宅上的壁鎖風格十分相似，這個牆上的大鐵釘並未隨著荷蘭人離開而消失，反而被臺灣人發現及模仿；在十八世紀初期，隨著磚瓦建築的普及，壁鎖在臺南民居或宮廟建築上皆可見，且持續沿用至二十世紀初期。

延伸閱讀

李志祥、許淑娟，《從釘子到鐵剪刀：臺南壁鎖 300 年的華麗轉身》，（臺南：臺南市政府文化局；臺北：蔚藍文化，二〇二一）。

圖 14、現代荷蘭街道上，四處都能見到使用壁鎖的老房屋。
（圖片來源：王柏喬）

圖 11、臺南大天后宮之壁鎖。
（圖片來源：王柏喬）

圖 12、臺南孔廟大成殿山牆上亦有壁鎖。
（圖片來源：王柏喬）

圖 13、臺南祀典武廟的壁鎖。
（圖片來源：王柏喬）

07 陳世興宅的壁鎖

（圖片來源：蘇峯楠）

年代\18 世紀

典藏地
臺南市中西區陳世興古宅

文物圖解

1. 在臺南不時能在老屋的牆上看到鑲嵌的鐵件，主要有 T 形、S 形、I 形等造型。有時它們還會被塗上顏色，成為牆壁裝飾的一部分。
2. 如果在外牆上看到這樣的壁鎖，有機會的話不妨走到屋內，看相對位置上是不是有著木梁？

原來鄭成功長這樣

撰稿：林森路

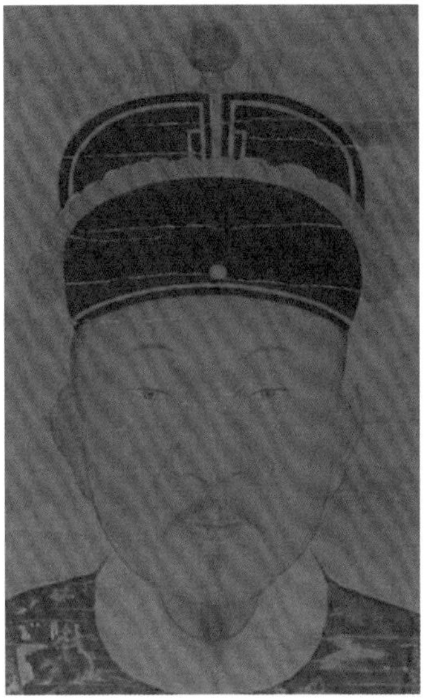

圖 1、「鄭成功畫像」（那須豐慶摹本）頭部畫面。（典藏單位為臺南市立博物館）

如果仔細看「鄭成功畫像」（那須豐慶摹本），觀者或許會驚訝於畫家捕捉細節的能力。你會先看到鄭成功的神情，雙眼炯炯有神，直視前方，就像和觀者對視。主角閉口不言，但又覺得他有話要說。而當你了解此時的鄭成功正面臨明帝國滅亡、母親自殺、父親遭到清政府處刑，並帶著部將攻打臺灣等情事。很難想像在這樣平靜的表情之下，隱藏著怎麼樣的情緒。

這幅畫作的原件目前典藏於國立臺灣博物館（後簡稱臺博館），根據館方的研究，這很可能是傳世最早，也最接近鄭成功原本樣貌的畫像。原件價值珍稀，然而那須豐慶精心繪製的摹本，卻也大有推敲分析的空間。

畫家詳細描繪鄭成功的鬍鬚，享年三十九歲的他，留著鬍鬚不怒自威。鄭成功頭戴冠帽，中央有顆紅色圓球，兩邊各自有對稱的折翅，帽冠邊緣的波浪紋飾非常清楚，給予了鄭成功身分尊貴之感。根據盧泰康教授的研究，此冠帽稱爲「翼善冠」，帽型前低後高，低處稱爲「前屋」，高處則是「後山」，兩處交接的鑲邊則被稱爲「橋」。然而頭冠上的紅球，並不符合目前出土的明代「翼善冠」文物的樣子，可能出自清初民間戲曲團隊的王爺貴族扮相。

此外，「橋」的花紋也十分繁複，和目前所見的相關文物不同。由此可知，原本圖稿在設計時，服飾樣貌就已經融入清代民間的一些樣式了。

多麼好看的畫，也許你會好奇畫家是誰，這幅畫眞的是鄭成功的樣貌嗎？又是什麼時候發現這幅畫的？

在回答這些疑問前，需要先介紹一些畫像的背景資訊，原件的畫家是誰，目前已經不可考。根據文獻只知道臨摹本的畫家是那須豐慶，他總共畫了兩個摹本，另一張摹本則是不知下落。所以加上原件的話，應該總共有三幅「鄭成功畫像」。

既是鄭家的，也是國家的

在過去，並不是所有人都可以如此仔細觀看這幅畫。

根據日治時期臺灣總督府圖書館第五任館長山中樵（一八八二—一九四七）在〈臺北博物館見物〉留下的紀錄，這幅畫的原畫，是鄭成功在臺南時委託他人繪製的肖像。等到清帝國占領臺灣，鄭克塽投降之後，這幅畫原本應該要送回鄭成功的故鄉泉州。但因爲某些原因，這幅畫被留在臺灣，輾轉移動，最後由住在臺北州松山內湖庄後山陂（今南港玉成里）的鄭家第五代鄭維隆保管。

一八九八年（明治三十一年），臺北縣知事村上義雄前來拜訪鄭家。爲了表達善意，鄭維隆拿出此畫讓村上知事欣賞。如果你是村上知事，看到眼前的鄭家傳世珍寶，一幅兩百多年前、十七世紀末的古物出現在面前，繪製的又是日本舉國上下皆知的歷史人物國姓爺，你會希望鄭家繼續收藏這幅畫，還是希望將其交給國家保管呢？

無論是半強迫還是鄭家自願奉獻，總之，村上知事向鄭家取得此畫，並將畫作攜回日本。過沒幾年，鄭家提出抗議，表示當初此畫並非贈與，主張收回。經過一番波折，畫作才又回到臺灣。時任臺灣總督的佐久間左馬太，認爲此畫非常珍貴，民間無法妥善保存。在政治的操作下，鄭家將此畫原件「敬獻」給臺灣神社，讓這幅畫以「國寶」規格被典藏。

母子皆成神

現在的延平郡王祠，一開始是民間私設的開山王廟，到了清領時代，沈葆楨等官員上疏希望朝廷追謚鄭成功，才讓私設的開山王廟變成延平郡王祠。到了日治時期，由於鄭成功的母親是日本人田川氏，所以殖民政府非常希望能利用這個事蹟，藉此加強統治臺灣的正當性。

一八九六年（明治二十九年），臺灣總督府開始能夠較爲有效掌控全臺，恢復民政不久的時期。臺南縣知事磯貝靜藏立刻向總督桂太郎上書建議，鄭成功是一代忠烈，母親田川氏也是貞節之人，應該將延平郡王祠改爲開山神社，社格是國幣大社。

日本神社的位階可約略劃分爲官幣社、國幣社、府社、縣社、町社、村社以及無格社，每個社格都有更細緻的劃分。其中官幣社的位階最高，是日本皇室直接貢獻布帛、金錢和酒食等供品，國幣社則是由日本政府支出。而府社、縣社的供品，則是由地方政府支應。

在臺灣，以臺灣神社（現臺北市圓山飯店）的位格最高，屬於官幣大社，主要祭祀在臺灣陣亡的北白川宮能久親王。所以將開山神社的社格拉到國幣大社，等於磯貝知事非常重視鄭成功的「貢獻」。

不過磯貝知事的建議，仍需待日本內閣決定是否可行，隔年（一八九七年）開山神社被列爲縣社。雖然最後磯貝知事的願望沒有達成，但也透露出當時官方對於鄭成功是有留點心思。

不只是國家收藏，還要取悅神明

一九一〇年（明治四十三年），畫家那須豐慶來到臺灣，從他人口中得知兩幅鄭成功的畫像，一幅放在中國泉州鄭成功廟，另一幅就是原本鄭維隆家族收藏，最後貢獻給臺灣神社的畫作，兩幅畫當時都可說是絕品。

聽聞此事的那須豐慶，來到臺灣時特地前往總督府，和當時的總督佐久間左馬太說明他想描摹鄭成功的畫像，並且願意將作品奉納給開山神社，希望有機會能見到原畫。總督佐久間被那須的心意感動，同意拿出原畫供其臨摹，並且要求要繪製兩張，第一張交給開山神社（下稱開山神社版，即本次文章所指的畫像），第二張則贈予鄭維隆家族（鄭維隆版）。

臨摹的工作開始，每天早上那須豐慶從朝陽號旅館（大約是今日臺北市重慶南路一段與漢口街一段路口第一銀行總行的位置）出發，前往總督官邸（今臺北賓館），進行畫作的臨摹。他完成兩幅臨摹的畫作後，一份摹本贈與鄭家留存，另一份則來到臺南，交予開山神社保存，戰後移交延平郡王祠，現收藏於延平郡王祠一旁的臺南市立博物館（後簡稱南市博）內，成為館內的重要典藏。

殖民政府為了形塑鄭成功的形象，可說是用盡各種方式。臨摹鄭成功的畫像，最後將摹本獻給開山神社，即是藉此將原先私人祭祀的祖先之神格形象強化，而鼓吹原畫的價值，也是政府的手段之一。從過去的文字紀錄可知，殖民政府不只強調原畫十分逼真，還原了鄭成功的神韻，更是保存臺灣歷史的重要紀錄——以國寶的規格，收藏於臺灣神社。

作家劉錡豫曾經比對原畫、開山神社版和鄭維隆版，發現鄭維隆的版本沒有原畫破損的痕跡，服裝等細節都更爲華麗。從這裡或許可以看出那須臨摹時的不同思維，繪製開山神社版時，他更注意到物件的重現，採取「現狀摹寫」，即強調這幅畫的歷史意義。但繪製鄭維隆版則是以藝術創作的心情來作畫，透過對細節的描摹，使得這個版本比原件、開山神社本更爲華麗，也展現出畫家自身的審美眼光。

很可惜，目前鄭維隆版下落不明，只有一張臺博館收藏的照片，內容是繪製完成時作品的樣貌。

同畫不同命

二戰結束，國民政府接收臺灣之時，由於不同單位之間的責任劃分不明，不少文物不知所蹤。有些藝術作品雖被保留下來，但因爲畫作的內容、畫家與日本殖民政府親近等原因，其作品被國民政府長期忽視，放在庫房裡不見天日。

開山神社版和原畫是運氣較好的藝術作品，從大日本帝國到中華民國，鄭成功的多元身世，成爲不同掌權者最好的詮釋工具。在日治時期，鄭成功因爲母親的關係，被視爲日本的英雄，到了推廣南進政策時，又因爲他的海洋性格，成爲南進的先驅。

國民政府執政時，鄭成功的反清復明，又和國策「反攻大陸」的精神遙相呼應。其不願向清帝國低頭的行爲，也能跟反共連結，並未受到太多的打壓，反而成爲掌權者鞏固政權的利器。

雖然鄭成功的形象如此，但作品本身就沒這麼幸運了。原畫並未受到精心保存，狀況非常不好，等到晚近修復之後，由臺博館收藏，才得以展現世人面前，並且依據《文化資產保存法》指定爲國寶。

相較之下，現今南市博收藏的開山神社版保存較爲良好，因此成爲修復原畫的依據。和過去奉納於開山神社的狀況相比，如今畫像圖檔開放民衆在網路檢索，而畫作也在南市博的常設展中公開展示，民衆可以更加親近的仔細觀察畫作細節，進而深刻理解其歷史涵義。

雖然那須豐慶臨摹了開山神社版、鄭維隆版，但從畫作完成的那一刻，這兩幅畫就有了自己的故事。日本政府的起心動念、畫家對藝術的虔誠之心，乃至現在修復完成，在博物館妥善保存。這些藝術品記錄了歷史，也被歷史記錄。

即使如此，依然有著小小的遺憾——鄭維隆版的畫作依舊下落不明，但我們可以期待其重現天日的那天，也許畫作並未消失，而是躺在某間庫房裡，等待有緣人發現。

08 鄭成功畫像（那須豐慶摹本）

（典藏單位為臺南市立博物館）

年代＼西元 1911 年
（明治 44 年）

製作者＼那須豐慶

典藏號＼館藏序號 2150，
財產編號 5040103

典藏地
臺南市立博物館

文物圖解

1. 兩度成為國寶的畫作。
2. 摹本：為了將畫作的一切細節記錄下來，1910 年代的日本會採取「現狀摹寫」的方式，除了作為後續修復的依據，也成為替代真跡的展示品、美術教材之用。
3. 原件下落不明，但兩個版本摹本存在的畫作。
4. 其中一版摹本下落不明，希望有天能被發現。

四百年前的珍重再見

撰稿：王麗菡

歷史戰爭下的兵荒馬亂之中，訣別往往是整場戰事中讓人最不忍，也最辛酸的畫面。臺南市立博物館所典藏的《傳教士范無如區訣別圖》，內容敍述關於一名叫安托紐思．韓布魯克（Anthonius Hambroek，一六〇七—一六六一）的荷籍傳教士因鄭成功（一六二四—一六六二）軍隊登陸臺南，逕直選擇捨生取義與家人訣別的經過，故事場景就發生在一六二四年所興建的熱蘭遮城中。

一六六一年，身負勸降重任的韓布魯克不顧鄭氏威嚇，入城後竟鼓勵荷蘭士兵與城共存亡，爲顧及城外人質安全，他選擇回到鄭氏軍營，最終與其他被俘的人質被鄭成功下令斬首處死。

這幅畫的場景正是在他出城前，兩個女兒輪番阻攔的場面，這個歷史性的離別，後來成爲一個創作主題，在荷蘭有不少相關文本傳世。這幅畫作的取名，主要是依據當時稱呼韓布魯克的發音爲臺灣語音，人名音譯爲范無如區（Huān-bô-lû-khu），故以此命名。

天使不報喜

這幅畫作的圖中人物不少，卻刻意被安排以非均質量體分布在畫面中，主要人物傳教士父女所坐落的畫面位置與身姿，形成了對角線的構圖，兩位女兒的衣服占據左下方的大部分面積，延伸到她們背後擁擠的圍觀士兵與群衆，塡充了對角線所劃分的半幅畫面。

相較另外半幅的畫面，僅以韓布魯克傳教士與身後的兩位穿著中式官服的男子，以及一位掩面傷心的僕人，作爲視覺上的抗衡。藉由畫面一分爲二的量體多寡，來表達傳教士殉道的決心，是任誰也無法改變的決定。

這幅作品最容易被注意的部分，是女眷一行人的身姿，猶如爲韓布魯克殉道哀傷的白衣天使，她們身著白衣，甚至傷心欲絕昏倒在地，需要旁人攙扶；或是不斷懇求，抓緊父親的衣袖，展演著不捨的情緒。而故事主角的韓布魯克身披傳教士黑袍，象徵即將出城迎向死亡的黑暗，與女兒們待在城中或許尚留有一線生機的光明，讓生與死有了更強烈的對比，透過色彩的對角構圖安排更讓訣別氣氛不言而喻。

從韓布魯克被俘、勸降、訣別、斬殺的幾個關鍵節點來看，畫家以親人訣別的畫面來呈現當時的戰爭氛圍，間接勾勒出了荷蘭人認爲「國姓爺」這位領導者是無情暴君的印象，而非我們普遍所認知的民族英雄。

歷史等著再見一面

而這幅作品的由來，源自一九三五年十月十日至十一月二十八日期間，日本總督府為慶祝日本在臺始政四十週年紀念所舉辦的「臺灣博覽會」，當時以臺北為主要會場，全臺各地也同步舉辦相關慶祝活動，是臺灣日本時期最大型的活動。當時的臺南市役所也為此聘請內地畫家小早川篤四郎（一八九三—一九五九）以臺南地區的歷史發展為主題，繪製一系列大尺寸的百號油畫作品，規劃陳列於臺灣歷史館第一會場（今臺灣高等法院臺南分院），用以宣揚臺灣歷史與文化特色。

博覽會展示結束之後，一九三九年三月臺南市役所將二十二幅系列畫作集結為《臺灣歷史畫帖》一書出版。《傳教士范無如區訣別圖》亦是其中一幅作品，序號為第9號，照理說這系列畫作作者應該都是小早川篤四郎，這幅作品卻是顏水龍（一九〇三—一九九七）繪製完成，真正的原因無法而知，但兩人為同門師兄弟，皆曾在油畫大師岡田三郎助（一八六九—一九三九）門下學畫。

小早川篤四郎是日本廣島人，幼時遷居臺灣，一九二五年首次入選帝國美術展覽會，之後屢次參加各種美展。顏水龍是臺南下營人，東京美術學校西畫科畢業，一九二九年曾赴法深造。戰前作品入選臺灣美術展覽會、臺灣總督府美術展覽會，亦曾入選法國巴黎秋季沙龍。據此或許我們可以推判，這幅作品轉託給顏水龍繪製，可能與他當時剛從法國返國的背景有關，或許顏水龍對於金髮碧眼的洋人身形比例、服裝等更能掌握，也幫忙緩解了小早川的交件壓力。

歷史畫的實踐

這幅畫的特殊性，除了原定作者小早川篤四郎找了顏水龍來繪製，根據《臺灣歷史畫帖》對第9號訣別圖的解說，此畫構圖是參考一八一〇年的荷蘭畫家皮尼曼（Jan Willem Pieneman，一七七九—一八五三）的作品《傳教士韓布魯克在福爾摩沙的犧牲》（The Voluntary Sacrifice of Reverend Hambroeck on Taiwan）的銅版畫版本，而非顏水龍自己的個人創作。簡單來說，就是臨摹別人的作品。

這些「歷史圖畫」是日本官方帶有教育、宣傳性質的文宣品，並非純粹的藝術創作，小早川在決定這系列歷史畫構圖時，請教了不少熟稔臺灣歷史的日本學者如村上直次郎、岩生成一、山中樵、前嶋信次等人。他特別聲明，這一系列的歷史畫都是經過精密考證與諮詢相關學者專家後才繪製完成，並非出自個人的想像。除了

圖1、Jan Willem Pieneman在1810年的油畫作品《傳教士韓布魯克在福爾摩沙的犧牲》（The Voluntary Sacrifice of Reverend Hambroeck on Taiwan）。（圖片來源：荷蘭國家博物館）

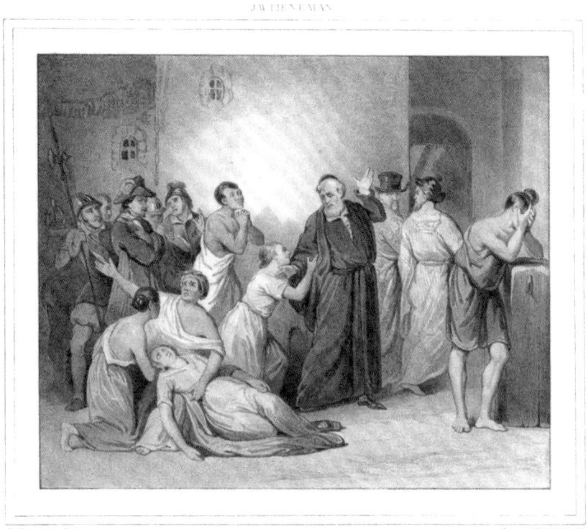

圖 2、Self-sacrifice of pastor Hambroeck on Formosa, 1662 Hambroeck (1837)，Carel Christiaan Antony Last（銅版畫）。
（圖片來源：荷蘭國家博物館）

圖 3、不詳，〈Zelfopoffering van Hambroek〉，年代不詳，紙質，43.9×33.9 公分。
（圖片來源：國立臺灣歷史博物館）

憑藉自身純熟的繪畫技術，更採取現地考察寫生、文獻閱讀等方式作爲這二十二幅作品的構圖基礎，唯獨這幅訣別圖是參考脫胎於皮尼曼畫作的銅版畫，也註明在畫帖的說明文字，足見是有意識的在使用這個圖像。

爲何皮尼曼的訣別圖，除了油畫版本，還會有一個構圖幾乎重疊的銅版畫版本呢？這與我們前面提到的傳世文本有關，韓布魯克傳教士在異邦犧牲的故事，在荷蘭早已是高度凝聚民族情懷的傳統母題，所以皮尼曼的訣別圖才又被翻作成銅版畫，更具流傳度；可見小早川所繪製的歷史畫，皆是有意識地建構歷史記憶。

從圖2、圖3畫面，可以看見一些相似的元素，如女眷的姿勢，或是昏厥與哀求的體現，與人物在畫面上的位置配置。亦如同銅版畫經顏水龍的再次詮釋，原作背景的細節已被省略，人物的樣貌筆觸也全然不同，唯一不變的是訣別的人物姿態。除了畫作，歐洲地區不少以韓布魯克傳教士的故事爲題材改寫成劇本或是小說，另有一七九五年所發行的《福爾摩沙圍城記》荷文劇本，透過翻譯出版在臺流通，呈現了西方的觀點與詮釋。

真相不只一幅

依照《臺灣歷史畫帖》內容所記載，這批因應臺灣博覽會而生的畫作共有二十二幅，會後移至臺南市歷史館（位於今臺南市中西區公所位置），後來部分與鄭成功有關的系列畫作被移至赤崁樓展示，幸而逃過二次世界大戰的烽火波及，這幅訣別圖也得以保存。但這些館藏作品因展間無人維護，後來屋頂的漏水問題讓畫作受潮變形，而產生了顏料剝落的問題。

一九六五年，存放赤崁樓的文物遷至延平郡王祠並改名爲「民族文物館」，後來在一九六九年，管理單位委託活躍在臺南畫壇的方昭然（一九二三—二〇〇八）修復這些畫作，其中也包括了這幅小早川委託顏水龍繪製的訣別圖。早期的畫作修復做法與現今的文物修復方式並非建立在同一觀念脈絡之下，面對原畫作嚴重崩壞的狀態，方昭然以重繪的方式處理畫作，同時也簽下自己的名字。

一九八〇年代，顏水龍回臺南時，發現自己數十年前所繪製的訣別圖，畫面已被重新修補繪製，簽名也被塗掉，改為他人的名字。一九八九年，顏水龍依照原先的構圖重新繪製了一張尺寸與原作一樣的訣別圖，取名為《惜別》，罕見地在畫作上留下自己的中文名字，並公開表示，希望這幅作品能回到臺南。

二〇二三年十一月，臺南市美術館二館以特展的方式，將顏水龍各時期的速寫作為本次展覽內容，並搭配與臺南主題相關的油畫作品及工藝設計作品，呈現其多元的成就。而這幅《惜別》也在其中，算是另一種圓滿達成。

與世界交陪

小早川費盡心思所繪製的這批歷史畫作中，有關日本題材的作品在戰後下落不明，現僅存的九幅，大抵是荷鄭時期的主題，多與鄭成功主題有關如《鄭成功和荷蘭軍的海戰》、《鄭成功和荷蘭軍的議和談判》、《鄭成功》、《最後的訣別》。這二十二幅具有時序性的歷史場景畫，日人高度參與其中的篇幅設定，與日本淵源甚深的鄭成功同時也是能加以編排的元素，似乎散發出日人接管臺灣之於鄭成功攻略臺灣，有歷史脈絡可循，宣告臺日兩地早就就密不可分。

而這些畫作到了不同時空，竟也能因應時情發揮，如二戰後的兩岸對峙情況嚴峻，鄭成功的英雄屬性被大力表彰，雖然與原先的創作目的有所不同，仍發揮了歷史畫的作用。撇除統治者的積極意圖，我們從畫作上，可以看到一個別具時代意義的客觀事實：臺灣一直扮演著收存大航海時代的有機載體。每個國家航海的主要目的不外乎是擴張本國的勢力，但透過歷史畫的內容，例如這幅《最後的訣別》，我們能得知一些當時歷史發生的蛛絲馬跡，而非史書上的標準答案。也因爲小早川的歷史畫有別於官方畫家的參與，例如顏水龍，甚至後來意外加入方昭然，透過軟性步調的藝術方式，民間得以參與政治歷史的「畫語」權，鬆綁了官方的硬性「話面」。

畫作中的不同族群，正是代表當時臺灣與他國的密切交流，透過歐洲人的歷史文本進一步證實，四百年前的臺灣，憑藉著地理的先天條件站上世界舞臺，與歐洲接軌，臺南更成爲包容在臺殖民國文化多元發展的重要場域。時至今日，臺南以從未衰減的城市魅力持續與世界交陪，不斷厚植「從世界看到臺灣」的文化實力，吸引不少爲了緬懷先祖曾在福爾摩沙留下的歷史足跡的國際旅人，因而時常回到臺灣來旅行，亦如當年的世界交陪，不曾中斷。

延伸閱讀

1 甘為霖牧師、林野文譯，《被遺誤的臺灣：荷鄭臺江決戰始末記》（臺北：前衛出版社，二〇一一）。

2 Johannes Nomsz 原著、王文萱中譯，《福爾摩沙圍城悲劇》（臺南：國立臺灣歷史博物館，二〇一三）。

3 國立臺灣圖書館編，《臺灣歷史畫帖》（臺北：國立臺灣圖書館，二〇一八）。

09 《傳教士范無如區訣別圖》

（典藏單位為臺南市立博物館）

年代 \ 西元 1935 年

原作者 \ 顏水龍

重繪者 \ 方昭然

典藏地

臺南市立博物館

文物圖解

1. 油彩、畫布，134×165 公分。
2. 畫面前景由女眷的身軀線條更加凸顯出位於後景起點的范無如區，也切出自左上到右下的對角層次，衣物的白色與身後的暗色調為對比光源，如生死一線。
3. 除了主角的傳教士衣著，從圖中人物的膚色與穿著方式，可以發現各國人種與職等，如官員、僕傭或士兵等。
4. 右下角落的簽名，原先是顏水龍的英文簽名。方昭然重繪後，換成方昭然的中文簽名。

特寫

臺南小廟，作為朝拜的儀式

米果

走在臺南舊城區小巷，往往一個轉彎，就和一座廟相遇，有瞬間跌入時空秘境的錯覺，不是驚愕的那種錯覺，而是神奇，在時間縫隙之間，去到歷史的遠方。

在我成長的年代，父母放任小孩跟著鄰居在巷弄玩耍爬樹，只要記得回來吃飯就好。小孩很懂得看天色，或是聞到巷弄人家烹煮晚餐的香味，就知道該回家。

開始走小巷去探險，大概是在學齡之前，走東門教會後方的巷子，可以去到神學院跟彌陀寺。上了小學，膽子大了，就越過鐵軌，走往圓環方向，沿路有打鐵店，有賣冰枝的，還有一家櫥窗擺了三層蛋糕模型的日光麵包。蘇內科對面有不常開門的聖米迦勒教會，旁邊是王成彬律師事務所。那時還沒有東門陸橋，路旁有許多氣派的街屋，鐵軌這頭是祝三多廟，過了鐵軌，有間賣木屐的小店，隔壁是集郵社，我哥是集郵迷，我們經常擠在集郵社玻璃櫃旁，看著當時很珍貴的各種顏色英國女王頭像的香港郵票，口袋裡面卻沒錢。

東門圓環邊有一座大人廟，小學時期，每週從城外的家，步行到當時還叫做博愛路的北門路鐵軌旁，一家機車行後方的鋼琴老師家上課，到了傍晚，再原路返家，經過大人廟前的攤子，很想坐下來吃點心，可惜一次都沒能如願。後來廟前的攤子收了，才發現大人廟存在東安坊崙仔頂的歷史都超過三百年了，歷經幾度遷徙，在我印象中卻是傍晚廟前的點心攤，眞是失敬了。

眞正進到城內，走進巷子，也不只小廟，多的是升格為國定古蹟的大廟，城內要說多大的廟也比不上郊區新廟的富麗堂皇，但是亮出建廟歷史和廟內匾額與畫作，懂得典故的人即刻就入迷了。廟內維持香火燻出歲月痕跡的色澤，若是好天，靠自然光就足夠明亮。有些小廟安安靜靜的，也無廟方什麼人看顧，添香油錢就隨意，點香買金也靠香客自助。

我跨過廟前門檻，進到正殿，廟外街路的世界，彷彿是幾百年之外的人間，廟內是另一個神的領域。廟內廟外一個穿梭，人就謙遜起來了，雙手合十，彷彿聽到衆神叮囑，要做善事啊，不可以有歹念，這是小廟雖無人看顧卻可以挺過幾百年的正氣吧！

涼爽的時節，每隔幾日就去城內散步。有一次去兌悅門，走信義街，不知怎麼鑽來鑽去，發現路底一座小廟，竟是一直想來卻不識路的媽祖樓，傳說中的起源僅僅是走船工人遺留在工寮的媽祖香火袋，往來五條港的船隻遠遠地就看到工寮的紅色微光，推敲在乾隆年間就已經建廟，歷時三百年以上了。

類似這樣的一人散步，不仰賴手機地圖導覽，全靠神與廟的指引，或說那是相遇的機緣，自自然然靠近，自自然然敬畏與孺慕，也就意識到身爲人必要的良善，這是我喜歡的朝拜。

進出仙府

承載記憶的歷史圖說

撰稿：邱睦容

第一次看到鼎鼎大名《重修臺郡各建築圖說》的原件，是在國立故宮博物院。

若是一個文史愛好者，想必對這套圖不會太陌生，因爲記載了許多府城的重要建設，它們常被研究者、社區協會用來介紹地方文史，在網路與各式印刷物上，系列圖像頻繁出現，建構了蔣元樞在當代人眼中「行動派官員」、「建設先行者」的形象。

然而在網路媒體將這套紙本冊頁的「圖繪」、「圖說」推到世人面前之前，更多府城人所知道的，其實是「重修臺郡各建築」記錄的另一種形式，石碑形式的「圖碑」、「碑記」。這兩種文物，因著物件的不同特性與保存地點，在各自的脈絡下，產出了不同的記憶——而這個落差，在工程完成的兩百多年後，當我在故宮恆溫恆濕的展覽空間看見熟悉的南方場景，與其他明清時期繪製的陝西、甘肅、廣東等輿圖放在一起，並置成爲帝國一部分時，感受到了心情的衝擊。

那套連風神廟前石獅紋路都一筆筆愼重描繪出來的圖，是百年來看著各殘碑發出議論與傳說想像的府城百姓，未曾完整認識過的計畫。

反向讀圖：圖像背面的城市

先來談談《重修臺郡各建築圖說》（後稱《圖說》）的成圖背景吧！

一七七四年（乾隆三十九年），臺灣府知府李師敏在任內病逝，臺灣這個被認爲充斥著「瘴癘」與社會動盪的海外小島，究竟要由誰來接替知府的職務，著實令上級的閩省督撫煩惱。此時一位被評價「精明強幹，任事實心」且「於臺地風土人情，亦所深悉」的廈門同知，成爲了閩省督撫推薦給乾隆皇帝的人選，那人便是年方三十五的蔣元樞。

蔣元樞是江蘇常熟人，取得舉人資格後，曾在福建省各地擔任知縣，因治理地方成績顯著而受推薦來臺，一七七五年（乾隆四十年）他從府城大西門外的「接官亭」上岸，展開爲期三年的知府生涯。

如今我們已無法知道蔣元樞赴任來臺那一天的過程，與他看到了什麼景象，但或許可以把《圖說》當作一本回推十八世紀府城樣貌的參考指南，正是這樣的城市空間與社會，使得這些建設得以誕生。例如，他出手整頓了當年上岸的接官亭區域，在風神廟旁購買民地，興建公館，讓遇到風雨或錯過了開門時間而無法進城的官員，有了臨時過夜的地方，同時也砌了方便登舟上岸的碼頭，並立了一座題額「鯤維永奠」、「鰲柱擎天」的高聳石坊，這些工程在〈重修風神廟並建官廳馬頭石坊圖〉裡都被描繪了出來，而右上角更安插了原本不該在畫面中的城門，凸顯蔣元樞將「接官亭—大西門」視爲進城之路的意圖。

蔣元樞爲何要這麼做呢？與這裡曾經是臺南用以銜接大海與陸地的樞紐地景有關。對於這座尚以木柵爲牆，但卻已有著幾支家族因科舉與拓墾而躋身世族之列的府城，此處是入城前的重要門面，是建構上岸官員對於這座城市第一印象的地方。

不只門面的打造，蔣元樞對於府城城垣的修補，同樣反映了當時蓬勃的城內發展。

今日熟悉的「府城」之名，來自一七二五年（雍正三年）所興建的木柵城，然而在蔣元樞抵臺時，修建已五十年之久的城牆，狀態是「木柵歲久，半多朽爛」、

圖 1、風神廟石坊。
（圖片來源：邱睦容）

圖 2、小西門今景。
（圖片來源：蘇峯楠）

「所種刺竹亦多殘」且「城基間爲民人侵佔，歷年既遠，難以根究」。爲此，蔣元樞籌辦的修城事宜，便包含了：改爲雙層木柵（修復舊柵、新建一層木柵，並在木柵之間種植刺竹）、釐清被百姓所占的城址、新建防禦性的「敵樓」與「窩鋪」至十八座、城西添設砲臺三座、新建小西門[3]。算是在有限的經費下，所能爲木柵城做到最嚴密的修補程度，也奠定了府城的規模。

這個影響擴及全城的重要工程，自然也被畫成了《重修臺灣郡城圖說》。在圖面上，我們可以看到間有刺竹的雙層木柵城，包圍著臺府署、巡臺署、武廟、縣學、萬壽宮等官辦機構與官祀廟宇，說明了城牆所要守衛的對象，但若把圖說也一併納入讀圖線索，「是役一切經費，元樞首捐廉俸，而郡中紳士樂觀厥成，捐輸恐後」這段文字，說明了實際上民間富戶才是此次

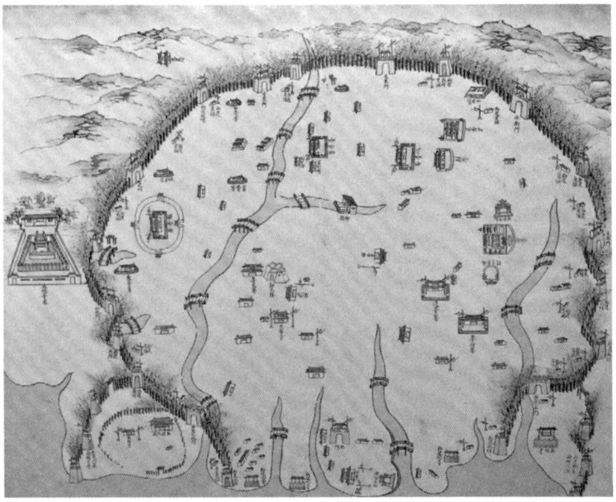

圖 3、重修臺郡各建築圖說 (2) 臺灣郡城圖 國立故宮博物院，臺北，CC- 姓名標示 -4.0 宣告 @ www.npm.gov.tw

註 3　小西門福安坑溪旁，今府前路與西門路交叉口附近，一九六九年因都市計畫拓寬圓環，由國立成功大學將城門遷建至成大光復校區內。

修建經費的主要來源。那麼，這些圖面上僅以零星小房子表示的民居，其實代表的是更多未被繪製出來，但早已在此定居、從事買賣營生的百姓與商人們，其中有許多因爲拓墾土地而獲得巨大利益的大家族；在府城擁有房產，對於守護身家安全的需求也更加強烈，他們才是此次修城行動中看不見的主要推手。

官員的治臺報告書

然而不管是風神廟還是城牆，乃至於整本《圖說》所記錄的各項工程：重建橋梁、興建義塚、修築安平港口石岸……在沒有所謂「都市計畫」的清帝國時期，對於當時被動接受統治的普通百姓而言，是身邊看不見擘劃全貌的大小改變。要到了清帝國覆滅後二十年，國民政府時期的一九三〇年代，國立北平圖書館輿圖部（今中國國家圖書館古籍館）向各方徵購舊籍時，這套新購入的圖說，才讓這些工程以「蔣元樞治理成果」的姿態，被全盤的認識。細究歷任臺灣府知府，也僅有蔣元樞留下了系列的彩繪圖說，那麼，爲何蔣元樞要將這些工程集結成冊呢？

《圖說》的裝幀（紙本摺裝）與成圖方式（手工彩繪）提供了一些線索。

北平圖書館所藏的這批圖面，已經過重裝，並非原來成冊的書貌，但從每紙圖面都留有的中軸摺線殘痕，以及左右對稱、排列有致的蛀蟲啃食痕跡，可推想原本的裝幀方式應爲摺裝，透過官員進呈給皇帝，在成圖的方式上，採取的是手工彩繪，須由專人一筆一畫完成，這樣的製作方式不太可能量產，可推測其本意並非流通所用。若再將當時地方官員們利用皇帝南巡時，進詩冊、畫冊以獲得賞賜或入宮俸職的前例納入考量，可以推測蔣元樞製作《圖說》的用意，便是將自己的工程成果集結成冊，在卸任知府後兩年，趁著乾隆皇帝第五次南巡（一七八〇年，乾隆四十五年）時進呈，以爭取晉升機會，這本《圖說》可視爲一本不折不扣的「治臺報告書」，預設的觀衆只有皇帝一人。[4]

儘管至今學界尚無法定論《圖說》是否眞曾進入清宮蒐藏，但可以確定的是，在一九三〇年代由北平圖書館購得，歷經一九四九年中國國民黨政府遷臺，最後輾轉歸入故宮管理的《圖說》，最後仍舊與故宮的其他藏品，共同在清帝國治理脈絡之下，以上位者俯瞰的視角，出現在你我的面前。

工程、石碑與地方百姓的記憶

儘管這套圖說，自繪製完成到二十世紀出土後，府城百姓可能根本沒看過，對於當年蔣元樞的精心擘劃也可能未知一二，但作爲「被治理」的地方，人們還是有自己的記憶。

註4│余玉琦，〈蔣元樞《重修臺郡各建築圖說》版本之探討〉，《故宮文物月刊》（臺北）第四三八期（二〇一九年九月），頁二十│四十一。

一七七八年（乾隆四十三年），在臺完成四十件工程的蔣元樞結束任期，四十五年後，一場前所未有的大風雨侵襲了臺南。當時被稱爲「灣裡溪」的曾文溪上游，因山洪暴發，不僅溪流改道，還夾帶了大量泥沙沖入下游的臺江內海，使得北邊渡口鹿耳門「廢口」、南邊的五條港淤積，府城失去「一府二鹿三艋舺」的優勢地位；就風水學來看，原本形成龍脈的溪水向南改道，成爲堪輿家口中的「斬斷郡城龍脈」。

在過去，如果一個人發生了無預警的災禍，人們多半會認爲祖墳風水出了問題，那麼一個城市遇上災難呢？尋求解釋的人們，將這次的大風雨聯想到了四十幾年前的城市工程，認爲是蔣元樞在府城七寺八廟的建設破壞了穴位。如前述提到的風神廟，所在地是能出人才的「烏龜穴」，大概是擔心政權受到威脅，乾隆皇帝才派遣蔣元樞在此建立接官亭吧——用ㄇ字型的石坊作爲鎮鑰，鎮壓住地下的烏龜，人們一邊看著石柱對聯的「疊幛重洋鞏內外千年鎖鑰」，一邊附會著這樣的說法。穴位破壞，埋下了洪水

圖4、風神廟石坊對聯「疊幛重洋鞏內外千年鎖鑰」。
（圖片來源：邱睦容）

斬斷龍脈的遠因，「蔣公子敗地理」之說也因此不脛而走，一直到今天，「千年鎖佮萬年龜」（tshian nî só kah bān nî ku）都還是廟方人員朗朗上口的諺語。

除了「敗地理」的說法之外，當百年過去，工程、洪水的記憶皆遠離，作爲「重修臺郡各建築」記錄了另一部分的「圖碑」與「碑記」，仍四散在府城各廟宇裡。它們成爲了廟宇說明自身悠久歷史的印證——大天后宮的管理者將碑文繕打印出成冊，方便民眾索取閱讀；府城隍廟在一九七六年廟宇重修時商請繪師陳萬福（彰化

圖 5、收存於大天后宮的碑記，右下角提供繕打印出的碑文。
（圖片來源：邱睦容）

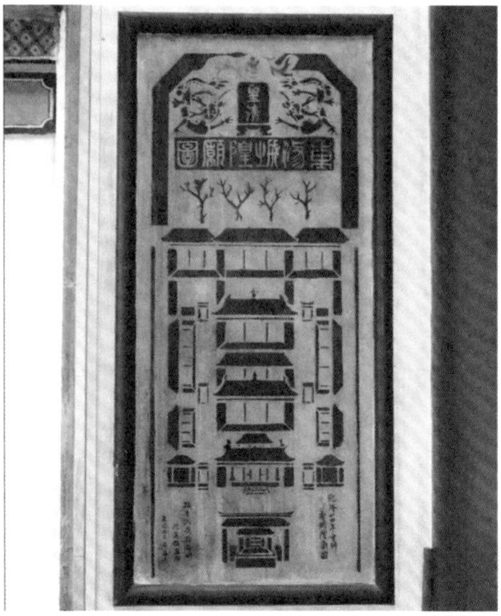
圖 6、府城隍廟內臨摹自石碑的圖稿。
（圖片來源：邱睦容）

和美彩繪師傅陳穎派之父）臨摹成圖，兩幅圖掛在廟內，兩塊石碑則放入一旁的展示館。這些高達一層樓、部分字跡已難以辨識的石碑，便與傳說一起成爲府城人版本的建設記憶。

而另一方面，原不應出現於臺灣，卻因著二戰後政權遷移，而輾轉來臺的《圖說》，則在工程完成的一百多年後，以清晰的彩圖與文字，將府城帶入了清帝國治理的視角，並重新賦予了這些石碑不同的詮釋。合體閱讀「圖繪」、「圖說」、「圖碑」、「碑記」，物件流轉與再相遇的生命史，不只提供了理解百年前重修工程的線索，也從上與下的不同角度，解釋了臺南何以成爲今日的樣貌。

延伸閱讀

1 馮明珠主編，《重修臺郡各建築圖說》（臺北：國立故宮博物院，二〇〇七）。

2 陳冠妃，《赤崁如何變為府城？臺南的城市空間與社會》（臺北：南天書局有限公司，二〇二三）。

3 余玉琦，〈蔣元樞《重修臺郡各建築圖說》版本之探討〉，《故宮文物月刊》第四三八期（二〇一九年九月），頁二十－四十一。

10 《重修臺郡各建築圖說》

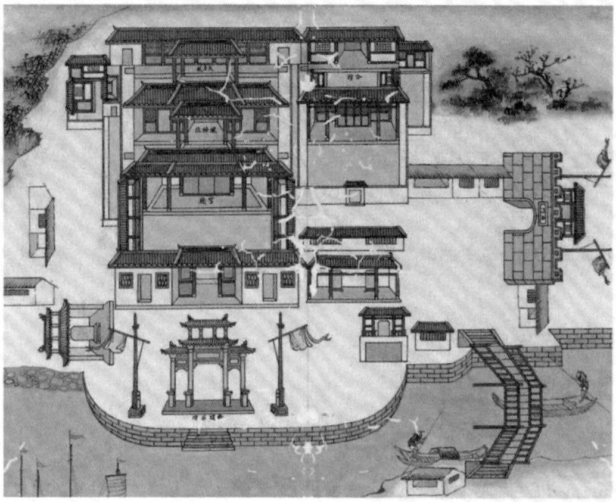

重修臺郡各建築圖說 (78) 風神廟並建官廳馬頭石坊圖說 N001 國立故宮博物院，臺北，CC- 姓名標示 -4.0 宣告 @ www.npm.gov.tw

年代\清乾隆年間（推測完稿年代為蔣元樞離任後至病歿前，約為西元 1777-1780 年間）

製作者\蔣元樞

典藏號\平圖 020970-021048

典藏地
國立故宮博物院

文物圖解

以〈重修風神廟並建官廳馬頭石坊圖〉為例：

1. 風格：樹木和民居為山水意象式描繪，平面布局則有較多細節（如：石坊下石獅鬃毛的紋路），顯示建築為本圖重點。
2. 形式：手繪方式能製作的數量有限，推測非流傳用途。
3. 城門：右上角的大西門因距離較遠，原不該在畫面內，暗示了繪者將城門連結接官亭的用意。

匠心獨具的書畫藝術家

撰稿：林森路

你聽過林朝英嗎？

如果你喜歡臺灣的古蹟、廟宇，或許曾與他的作品不期而遇。因爲林朝英曾經替臺南彌陀寺、臺南萬福庵、嘉義水上的璿宿上天宮等廟宇的匾額題字。根據學者盧嘉興的看法，林朝英的行書筆畫像是竹葉，因此有了「竹葉體」之稱；草書則是善於王獻之的鵝群體書法。

事實上，林朝英不只是書法寫得好，他的繪畫、木刻都有所成就。深入挖掘林朝英和臺南的關係，就會發現他精心創作的藝術品，是臺灣藝術史不可多得的珍寶。

因爲林朝英的藝術成就，也讓臺南市立博物館將他的「林朝英書杜甫秋興詩八首木雕板」納爲館藏。

在理解林朝英的藝術獨特之處前，先來回顧一下林朝英的時代，看當時的條件如何塑造出這位大藝術家。

林朝英其人

根據學者研究，林家來臺的時間是在一六九三年（康熙三十二年）。先祖林登榜渡海來臺，選擇府城定居，以販售布疋和砂糖起家，商號爲「元美號」。元美號的生意做得很大，北至嘉義大林，南到屏東林邊，都有林家買賣土地的紀錄。

如果覺得「元美號」很耳熟，那不是錯覺，目前位於臺南中西區的「石鼎美」古宅，建造古宅的石時榮，早先就是在元美號工作，「石鼎美」一詞，有繼承元美號之意。

商賈之家雖然家境殷實，但仍希望後代可以高中科舉，提升家族的政治地位。而在林家這個希望就落在林朝英身上。

一七三九年（乾隆四年）出生的林朝英，是林登榜的孫子，二十八歲進入府學就讀，得到了秀才身分。可惜後來一連參加幾次鄉試，每次都榜上無名，求仕之路也因此中斷。

經過深思熟慮之後，林朝英決定繼承家業，開啟他的商人之路。雖然考場失意，但商場得意，從祖父林登榜、父親林宗憲手中接過來的家業，到林朝英手中更加發揚光大，他升級了貿易所用的船隻設備，加強與中國沿海的貿易，獲得巨額的財富。

當時林家聲勢顯赫，除了致力經商外，林朝英和父親也熱心捐助回饋鄉里。譬如一八〇四年（嘉慶九年），林朝英提倡重修縣學文廟（約在今日府前路與萬昌街口附近），並捐資萬金，獲得朝廷表揚，賜六品官位，並准建「重道崇文」牌坊。

如果仔細觀察臺南廟宇的碑文，常常可以看到林朝英的捐贈紀錄。譬如乾隆年間，替孔廟購買禮樂器具，重修明倫堂等。從歷史紀錄來看，這類捐助的行動從父親林宗憲就已經開始，可見林家代代傳承了對於公眾事務的熱心。

不只是用金錢回饋鄉里，面對變故，林朝英也不吝捐助救濟災民，藉由這些捐款，林朝英逐漸累積人脈與信用，也成爲鄉里口耳傳誦的大善人。

但時至今日，林朝英被多數人所記得的，不是他的巨富，也不是他所做的善事，而是他的藝術作品。

清代臺灣的藝術風氣

從康熙到乾隆，清廷對於臺灣的統治逐漸步上軌道，隨之而來的就是藝文創作風氣的興盛。根據臺灣美術史研究專家蕭瓊瑞的分析，這個時期臺灣的藝術創作者，總共有三種人，第一種是具有官方身分的畫家，第二種是來臺遊歷觀光的畫家，第三種則是在臺出生長大的畫家。林朝英是第三種人。

林朝英與官方、民間交好，可以和不同藝術風格的人交流。藝術評論者呂松穎特別注意到，根據《續修臺灣縣志》的記載，當時府城內的知名畫家，有不少是出家人。可以稍微推斷出林朝英與僧人的藝術交流景況。

當時廟宇是淸代臺灣的重要地點，不僅是民衆信仰的中心，同時也成爲文人雅士交流思想的重要場域。這樣的情況至今依然在臺灣社會上演，政府高官、地方頭人，每逢重大事件，都會獻匾給廟宇。

林朝英的書法風格

當我們欣賞林朝英的木刻風格時，要先理解他的書法風格，或許因爲林朝英交遊廣泛、心胸開闊，讓他的書法風格難以看出明確的師承。有學者認爲他受到明末書法家張瑞圖的影響，但張瑞圖和魏忠賢（亂政宦官）關係良好，所以受他書法風格影響的人，不願直接承認。林朝英的書法風格是否受到張瑞圖影響，有待更多資料佐證。

又或者被認爲受到宋代書法家簡雷夫的影響，這個說法出自伊能嘉矩（一八六七—一九二五）的《臺灣文化志》，但簡雷夫的作品近乎失傳，對於這個說法目前仍須持保留態度。

若不看師承，林朝英的書法偏向晚明的怪誕風格，他的行草〈草書鵝群書〉就是代表作。

而他的行書《書杜甫秋興八首》，除了寫成書法外，亦有木刻作品傳世。在書寫〈書杜甫秋興八首之二〉時，其中一句「夔府孤城落日斜」，沒有寫出「城」字。每一個字的落筆和收尾，都是和上下字的意念有所貫通，可以看到林朝英充滿自信的態度，幾乎像是一氣呵成。

雖然文字錯落有致，相互呼應，但從視覺上來看，每個字的大小皆有安排，理解文意的同時，又能夠感受到作者對於版面的精心布置。狂放不羈的字跡之外，是作者對於書法美學的細膩布局。

當我們理解林朝英的書法風格之後，可以對照同一首詩句的木刻作品加以解析。

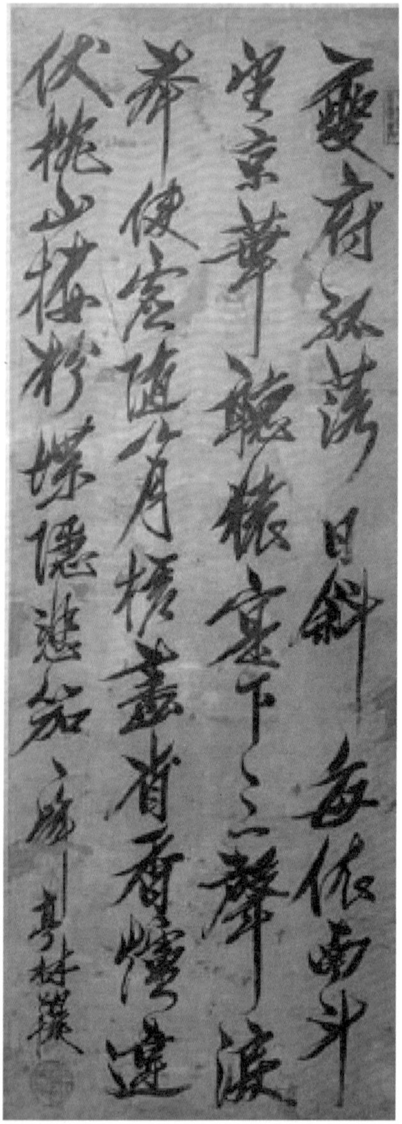

圖 1、「書杜甫秋興八首之二」書法局部圖。
（圖片來源：呂松穎）

林朝英的木刻作品《秋興八首》

從林家後人整理的〈一峯亭林朝英行略〉來看，林朝英的木刻作品不少，約有三十幾組，每組的木刻數不等。而創作的方式都是先有底稿，再進行木刻創作。雖然不確定哪些作品係由他製作，但從作品風格一致和精緻程度來看，林朝英是木刻高手，同時對於「書法轉木刻」的形式頗有心得。

《書杜甫秋興八首》是將杜甫的組詩《秋興八首》刻於木頭上，八首詩刻在木雕板的正反面，總共八塊十六面。目前其二和其三由臺南市立博物館收藏，其餘五塊（其一、其四、其六、其七、其八）由民間收藏，其五則下落不明。

這組作品的完成時間，從木刻上「嘉慶十年歲在乙丑之秋七月暨望　東寧一峯亭林朝英書」，可知作品完成的時間是一八〇五年（嘉慶十年）。此時林朝英已經六十七歲，這組木刻屬於他晚年的代表作品。

和同樣寫著《秋興八首》組詩的書法對照，可以看到一些有趣的地方。譬如書法〈書杜甫秋興八首其二〉，並未書寫「夔府孤城落日斜」的「城」字，造成字盡而意不盡之感。但木刻卻將「城」補了回來，雖然排版風格不同，卻別有美感。

而書法的「落日」與木刻「落日」也有所差別。書法的「落日」，可以看到「落」字收筆與「日」字的落筆，雖然沒有直接連在一起，但隱隱可以看到之間的關聯，在書法是名爲「飛白」的技巧。而木刻的「落日」，兩字的收筆和落筆就連在一起了，這是屬於「牽絲」的技巧。

也許林朝英考慮到兩者媒介的特性——書法是寫在紙上，可以使用「飛白」，字與字之間的藕斷絲連，可以很明確呈現在紙上。但木刻是陰刻技巧，如果採用「飛白」的技巧，將難以有書法的效果，所以才用筆畫將兩字連結起來。

再細細品味書法與木刻之間的差異，會發現兩種作品都展現林朝英的藝術氣質，但細究起來，發現他針對了媒介的特性，進行技巧上的調整。有匠心獨運之處，但沒有一絲一毫的匠氣。

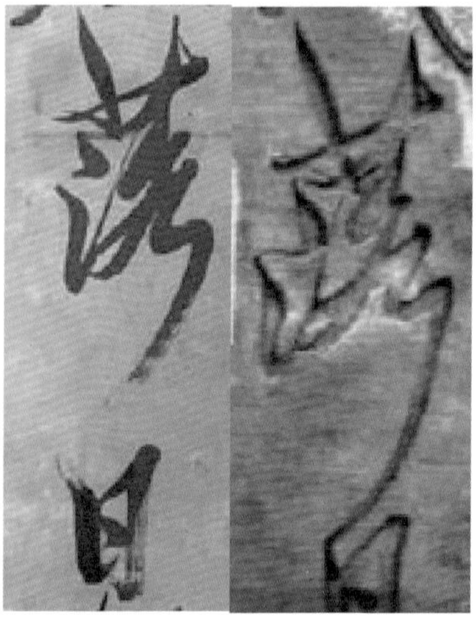

圖 2、〈書杜甫秋興八首之二〉的書法與木刻作品比較。
（圖片來源：呂松穎）

林朝英的性格與傳説

林朝英這樣的性格，也反映在和他有關的傳說。根據連景初的文章〈林朝英與蔡牽〉，提到林朝英和大海盜蔡牽有過一段淵源。

相傳林朝英某次赴中趕考，途中停在漳泉某處港口，在一家小客棧休息時，聽到有婦人哭得眞切。

詢問旁人，才知道婦人已經懷孕，沒錢下葬身亡的丈夫。林朝英聽到之後，隨即從趕考的經費中，撥出一筆給婦人，讓她下葬丈夫、撫育小孩。可惜這次趕考，林朝英並未中選。

數年之後，林朝英捲土重來，重遊舊地時，那名婦人帶著小孩前來道謝。這時林朝英知道小孩名叫「蔡牽」，又給了一些銀兩，讓母子好好生活。但這次考試結果，林朝英又落榜了。

第三次考試，林朝英搭船前往時，遇到海盜。船上的一干人等被帶到別處，眾人惶惶不知下場，只見一名樣貌英俊的海盜，和林朝英打招呼，並且鞠躬，並說：「我是母子都受您資助的蔡牽。」

林朝英一方面感動孩子長大成人，又惋惜他成為海盜，只能不斷勸誡。蔡牽原本想留住林朝英，但最後沒有成功，只在林朝英離去之時送給他一面旗子，向其告知：「只要船上掛這面旗，就不會受到海盜侵擾。」

雖然傳說的細節禁不起推敲，但故事情節充分表現出林朝英急公好義、黑白分明的特質。也許正因這樣的特質，才讓這個傳說有散布的機會吧！

藏身古蹟的林朝英銅像

隨著時間流逝，林朝英的生平事蹟已經不為多數人所熟知，但他的樂善好施，仍默默影響著臺南的人文社會。若你來到臺南，不妨隨意走進一間廟宇，抬頭看看梁上的匾額，又或者是廟裡的石碑，也許你會看到林朝英的名字，以及他猶如竹葉消瘦俐落的字跡。

如果想知道林朝英的樣貌，也歡迎前往臺南公園的重道崇文牌坊，牌坊旁邊有二〇一九年紀念林朝英誕生二百八十週年的銅像。

低調且精緻，狂放與內斂兼具，林朝英的藝術就像府城的文化底蘊，越品越有滋味。

11 林朝英書杜甫秋興詩八首木雕板

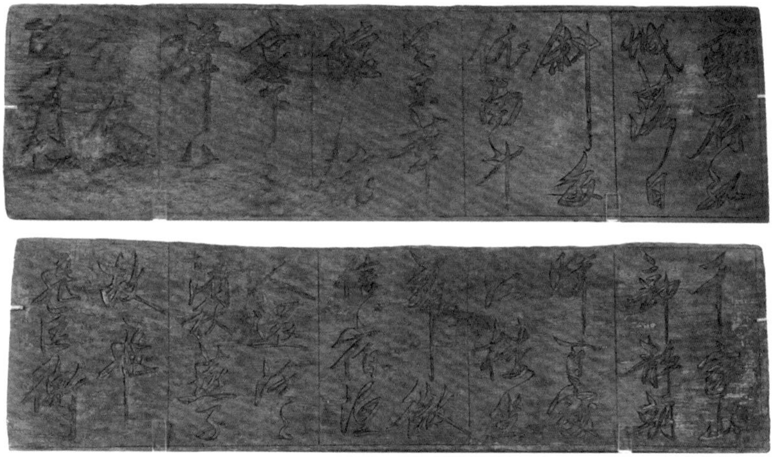

（典藏單位為臺南市立博物館）

製作者＼林朝英

典藏號＼20080530009000

典藏地

臺南市立博物館

文物圖解

1. 晚年代表作：林朝英製作這個木刻時，已經六十七歲，屬於晚年的代表作之一。
2. 牽絲：字與字之間用筆畫相連，當你默讀木刻的文字，會有連綿不絕之感。
3. 和字跡一樣狂放的傳說：你知道鄉野傳說裡，大善人林朝英居然和大海盜蔡牽有關嗎？

不再響起的馬蹄聲

撰稿：游淳詔

曾經有一匹馬，夜晚常在田地間奔跑，踏壞田裡的作物，讓在地居民大爲困擾，居民偸偸跟蹤後，趁著早上打斷馬腿，並把牠推倒在地上，讓牠無法再作亂。這匹馬，就是現在赤崁樓內的石馬，明顯的斷腿成爲牠專屬的特殊記號，也讓這則傳說故事流傳至今。

細究石馬的樣貌，耳朶尖端爲圓型，雙耳豎起向前，代表其在聆聽周遭聲音。額頭飽滿，下巴向身體內縮，微微低頭，雙目炯炯有神，因爲馬的眼睛在頭部兩側，可視範圍爲三百五十度，但無法看到靠近自己的正前方和正後方景物，低頭時反而可以看到較遠的景物。

身上刻有控制馬匹行動和騎師與馬溝通用的鞁具——轡頭、鑣、銜和韁繩，騎乘時使用的鞍具——馬鞍、障泥、馬鐙、胸帶和鞧帶等，但並未見到車用的挽具，可知這匹石馬的用途是作爲騎乘使用，亦並未穿著馬用鎧甲，是易於行動的輕便裝配。

因石馬兩支前足被切斷，修復時將兩腿一併修補未留空隙，前足馬蹄形狀爲向外凸起的半圓體，後腿則被固定在一起，原應爲四肢著地的靜態立姿，而非行進的動態姿勢，代表其在原地等候主人的召喚。

它為什麼會出現在赤崁樓？又在等誰的召喚呢？

重見天日的石馬

一九三三年十一月十二日，一位中學生的暑假作業，讓埋藏在地下的石馬重現天日。

石馬挖掘行動的起因，是當時在臺南一中（現臺南二中）教授東洋史的前嶋信次（一九〇三－一九八三），他給學生們的暑假作業是「不論是傳說還是迷信，請告訴我們，你所看到或聽到與鄉土歷史有關的任何事情」。

當時住在永康的四年級生小林悅郎（父親任職於永康三崁店糖廠，生卒年不詳）寫了一個關於他家附近村莊的故事。「我們附近有一個叫做洲仔尾的小村莊，村莊裡有一座很久以前的人的墓，他的墓附近立著兩匹大石馬，我聽說石馬晚上會出來踐踏田地，所以一百年前它就被埋到地底下。」

偶爾會去找前嶋信次請教事情的野田八平（生卒年不詳），聽到這個故事就聯想到小時候聽過的傳說，左甚五郎（日本江戶時代藝術家）在通往德川家康墳墓的坂下門前迴廊上所雕刻的「睡貓」，據說是隻為了保護德川家康而裝睡的貓，牠的動作是隨時都可以攻擊敵人的姿勢，人們害怕那隻貓會跳出來作亂，所以用金箔包圍著牠；這兩者的相似性勾起了野田的興趣。

石馬的調查行動，訂在一九三三年十一月十二日，野田邀請了前嶋信次、臺南一中的教頭塩塚勝之（一八八二—？）、當時任職於臺南市史料館的在地文史研究者石暘睢（一八九八—一九六四）、在錦町（今臺南市民生路一帶）開設坂本照像館的老闆坂本憲章（生卒年不詳）五人一起前往探查石馬的眞相。

洲仔尾是在距離臺南市北方大約三里的地方，調查隊伍的成員們很幸運地先看到一個五尺高的石柱，又在附近草叢中發現被沙土掩蓋的墓碑「聖旨欽賜祭葬人祀昭忠祠（應爲祠）軍功遊府加授督閫府世襲罔替鄭府君佳塋」，查證後確定是淸代功臣鄭其仁（？—一七八八）之墓，他們以墓爲中心進行除草挖土挖掘時，發現一匹斷了頭的石馬，就往這匹石馬的反方向約十公尺左右向下挖掘，在地下六尺處就發現了高四尺，長六尺，重量達一千五百多斤的石馬。

成員們非常好奇爲什麼石馬會被埋在地下百年呢？在取得地主唐全祿（生卒年不詳）的允諾後，當天晚上十點左右就將石馬運到安平的臺南市史料館保存。

搬運過程中，他們發現石馬的前足不見了，詢問附近居民，得知鄭其仁的後代向淸廷上奏，希望可以利用已經被遷走的鄭克壓（一六六二—一六八一）墓，在獲得淸廷同意後就遷入。但石馬不願爲其守墓，晚上會離開墓前，跑到附近田裡損壞作物，居民只能將石馬打倒在地或埋在地下，防止它們繼續作亂。

他們又聽居民說，因爲鄭其仁是被斬首的，埋葬的時候是用銀做成頭顱一起下葬，但大概在六、七十年前，銀頭顱就被盜墓賊盜走了。

鄭其仁的生平

在這次的石馬探察行動中，他們也對鄭其仁的生平事蹟進行調查，發現他和一七八六年（乾隆五十一年）的林爽文事件有關。當時在鳳山的莊大田起兵響應林爽文，全臺陷入大亂。清帝國派遣福康安到臺灣平定叛亂，和當時擔任臺灣海防周知（軍司令官）及知府的楊廷理，分別從南北兩個方向夾擊叛軍，其中有一部分兵將是來自各地的武人，鄭其仁就是其中一員。

鄭其仁，字彭午，號靜齋，是臺灣縣西定坊人（今臺南市中西區水仙宮一帶），十八歲時考取鳳山縣的武秀才，莊大田起兵時，曾邀請鄭其仁加入，但被他所拒絕。鄭其仁和妻子趁著黑夜逃往臺南，村民協助載他們往烏樹林塭（約今興達港處）的途中，妻子因憂慮被害而過世，鄭其仁將妻子埋於沙洲之後，乘船到臺灣知府報官，楊廷理任命他協助招募義勇兵士進行防禦。

一七八八年（乾隆五十三年），鄭其仁作爲前鋒，協助楊廷理合力征服南部，他們到放索（今屏東林邊）水底寮下埤頭時，鄭其仁遭遇埋伏被斬首而亡，當時才三十四歲。

清廷爲嘉獎鄭其仁的戰功，追賜都司（四品官）軍銜，諡號忠勇，配祀北京昭忠祠，後代子孫世襲雲騎尉（佐官級），並賜予埋葬費用，葬於洲仔尾。墳塋占地二百二十四坪，鄭其仁的墓在中央，旁爲夫人之墓，依《欽定大清會典則例》對四品官的石像生配置規定爲石馬二、石虎二、石望柱二，但目前僅留存兩匹石馬和一座石望柱。

奔波的石馬

石馬隨著臺南市歷史館的成立和搬遷，從安平輾轉來到位於民生綠園附近的一棟兩層磚造建築物，一九三七年十月一日歷史館開館，石馬就站在大門邊迎接民眾。戰時，臺南市歷史館閉館，部分文物轉移到赤崁樓和蓬壺書院存放，石允忠（石暘睢之子，一九二四—二〇一九）生前常提到，他曾陪著父親一起睡在赤崁樓守護文物。

圖1、永康鹽行天后宮後方現存的石馬、「勳昭東港千秋氣壯山河」石望柱和「誥封恭人鄭門黃氏長生壽域」墓碑。
（圖片來源：游淳詔）

一九四五年臺南市政府成立，石暘睢成爲「臺南市立歷史館」的管理員，因原館舍在該年三月一日的大空襲中遭炸毀，一九四六年五月一日在赤崁樓重新開幕。而石馬也跟隨著石暘睢的腳步移到赤崁樓存放。一九六六年黃天橫（一九二二—二〇一六）與莊松林（一九一〇—一九七四）憑著石暘睢的筆記，再度前往洲仔尾踏查，新增調查資訊，不僅傳承了在地文史研究的精神，後續也幫助石暘睢的宗侄石萬壽（一九四四—）找到前面提到的另一匹斷首石馬。

圖 2、此為石暘睢留存的鄭其仁墓影像紀錄，文字是黃天橫的後續調查筆記。（圖片來源：黃隆正）

一九七六年，石萬壽受鹽行村民所託代爲撰寫新建鹽行天后宮碑文，聽村民提起白馬穴是鄭成功墓一事，隔年石萬壽、郭德鈴（一九二六—一九九八）和周泰宏（生卒年不詳）在南良紡織廠（今臺南市永康區洲尾街四十一巷十號）大門右側挖

圖 3、位於鹽行天后宮後方的石馬，臺南市文化資產管理處曾於 2019 年對石馬進行整修維護。
（圖片來源：游淳詔）

到鄭其仁墓（當時已遭毀損和土石掩蓋），另外邀請臺南在地文史研究者黃天橫（與石暘睢同爲臺南市文史協會成員和臺南市文獻委員）至現場測繪，一行人在現今鹽行天后宮後方發現石馬的蹤跡，該石馬經過修復後，現在保存於鹽行天后宮內。

石馬的調查事件，讓野田八平寫下他對系統性歷史調查的感想，他自認這是一件非常有價值的事情，尤其是臺南第一中學校的學生小林悅郎在日常生活中的細心和留意，才能發現對臺灣的鄉土歷史而言極爲珍貴的史料，臺南還有很多珍貴史料並未被發現，之後更要繼續努力挖掘探察。

而我們現在所認識的臺南，就是憑藉著前人的研究熱情，保留了許多珍貴文物和影像，才能讓我們聽到或看到很多屬於臺南在地的故事，因爲有他們才有現在的臺南，就像未來的臺南也需要我們，並且會不斷地進化，新舊融合成我們所熟悉的臺南樣貌。

最後，野田在調查紀錄內也不忘推銷石馬的調查成果，「非常歡迎全臺各學校學生到南部修學旅行的時候，可以來安平的臺南史料館，看看這匹可愛的石馬，如果你摸摸它的鼻尖，我想它會很高興。」歡迎大家到赤崁樓和鹽行天后宮比較兩匹石馬的不同之處，但現在兩匹石馬都已指定爲古物，不能碰觸毀損或是騎乘喔！

圖 4、鹽行天后宮後方的石馬，頭部左方靠近眼睛處有黑色汙漬（左圖），脖頸處有修復痕跡（中圖紅圈處）。前足雙腿的空間未被填補，前足立於石塊上，兩足皆有修補痕跡，其右前蹄底端正面中央有三角立體狀突起，其表面為縱向線條（右圖）。
（圖片來源：游淳詔）

延伸閱讀

謝仕淵，《成為臺南．府城文史活字典石暘睢》（臺南：臺南市政府文化局，二〇二三）。

12 石像生石馬

（圖片來源：游淳詔）

年代＼約 18 世紀

製作者＼不詳

典藏號＼20160403037

典藏地

赤崁樓

文物圖解

1. 石馬尺寸：120×40×120 公分。
2. 頭部：馬雙耳直立朝前，頭部及嘴配有轡頭、鑣、銜和韁繩。
3. 身體：馬身上配戴騎乘用的鞍具（馬鞍、障泥、馬鐙、胸帶和鞧帶），未著戰甲。
4. 馬腳：兩前腿及馬蹄與馬身材質不同，為後人修復痕跡，雙腿間的空隙亦被填補。

遊地河，王船公

撰稿：林森路

二〇二四年七月底，一艘外國籍的貨輪蘇菲亞號在臺南的黃金海岸擱淺，一時成爲臺南的熱門打卡景點。值得一提的是，距離船隻擱淺處一公里之遠，便是放置王船公的灣裡萬年殿。我們可以想像，若這艘貨輪是在兩三百年前漂流至此，也許當地居民也會爲這艘擱淺的郵輪建造廟宇，並將其供奉起來。

由於臺灣四面環海，在歷史文獻記載中，時不時會有船隻擱淺在海岸邊。這些船隻，往往會被臺灣的居民視爲神明搭乘的船隻，於是將船隻裡的神像等器物供奉起來。蘇菲亞號的故事及其擱淺的位置，似乎可以和這樣的傳說相呼應，一窺臺灣的王船信仰的起源。

爲什麼民衆會有這樣的行爲呢？也許我們可以從民俗談起。

王爺信仰和王船

過去閩南地區流行王船信仰，王船顧名思義即爲王爺搭乘的船隻。王爺被視爲向天界領旨、巡視各界的代表，幫助人們消災解難這種行爲被稱爲「代天巡狩」，任務圓滿結束之後，就會搭王船返回天界。

每間廟的王爺來歷都不相同，由於王爺多半是以姓稱呼，所以他們身上往往擁有好幾種相關背景的傳說。信衆多半是口耳相傳，或者透過歷史文獻，尋找最可能的人選。譬如府城六合境馬公廟祭祀的馬王爺，曾經被傳是鄭氏舊部馬信、東漢伏波將軍馬援，最後經由廟方考證，推斷應是輔順將軍馬仁。

臺灣的氣候濕熱，過去時常會有瘟疫，爲了撫平民心，才有相關的宗教儀式。學界普遍認爲王爺和「瘟神信仰」有關，王爺定期下凡，保護庶民，收服瘟疫。

過去人們認爲瘟疫之所以出現，是因爲有不潔之物作祟。而王爺下凡，就是代替天庭掃除這些不潔之物，即是「代天巡狩」。爲了體現這個行爲，廟宇會於固定時間舉辦祭典科儀，科儀名稱有所不同，可能是刈香、王醮或王船祭。

祭典裡負責巡視轄區的王爺，有些是依照天干地支輪流下凡，每到特定年分，就會舉辦相關的科儀，有些舉辦時間爲每三年舉辦一次，又或者是四年一科。

也因爲每次「代天巡狩」的時間會有一段距離，所以每次科儀舉辦前，信衆都會重新製作王船，目的就是讓王爺有交通工具四處移動，儀式結束後燒王船的行爲則被稱爲「送王」，又由於王爺是搭船返回天庭，又會被稱爲「遊天河」。如果是由人駕船，或直接將王船推到海上，任其漂流，則稱之爲「遊地河」。

然而，臺南灣裡的萬年殿裡面有一艘不會被火化的王船，其中又有什麼緣由呢？

為什麼萬年殿的王船不燒？

原來這艘王船並非信衆建造，而是從海上漂來的。

萬年殿所處的位置，屬於灣裡的北端，主祀神明爲葉、朱、李三府千歲，是當地的信仰中心。根據廟方的重建碑文，萬年殿創建於一六六五年（康熙四年）。和萬年殿密不可分的，就是放置在廟宇左右廂的兩艘王船，信徒都尊稱爲王船公。

其中北廂的王船，特別有來歷，而且和另一間廟宇喜樹萬皇宮有些淵源。聽說清乾隆年間，灣裡庄和喜樹庄之間尚未完全被陸地覆蓋，依然鄰近海洋。有一晚，兩庄的居民突然聽到海面傳來鐘鼓之聲、絲竹之音，離奇的是，那天風平浪靜，居民跑出來看海，想知道聲音的來源，卻發現海面有光源亮如白天。

等到天亮之後，兩庄居民一同前往光源所在地，發現一艘無人的船隻，船上有三座神像，卽是葉、朱、李三府千歲。居民認爲這艘船乃是神船，所以經由抽籤決定誰來供奉，以及供奉的神尊，結果是喜樹分得神像，灣裡獲得神船。

換句話說，這艘船不僅僅是王爺移動的交通工具，也是凝結灣裡、喜樹信仰的物件。

萬年殿王船與其他王船最大的不同——取寶䑳與墊䑳

文獻記載，王船最重要的，就是寶䑳，是整艘王船底部正中央的木頭，也是整艘船最重要的部位。灣裡對於這個部位，有屬於自己的叫法，稱爲「槧」，取「斬木爲槧」的意思。由於王船也被視爲龍身，所以這個部位也叫「龍骨」。

每次祭典開始之前，需要火化的王船，都需要尋找合適的木頭，作爲製造寶䑳的原料。但灣裡的王船不用火化，所以是用新䑳取代舊䑳。因爲每次王船出巡後，底部都會磨損。

取䑳之前，神明指示選擇合適的木材行。獲選的木材行必須先依照廟方的需求，準備數根合用的木材，以供王爺挑選。

取䑳當天，廟方會派出陣頭，如跳鼓陣、大鑼陣，負責科儀的會首、委員隨行。替三府大千歲的神轎開路。抵達目的地之後，跳鼓陣、大鑼陣敲動鑼鼓，恭請王爺降駕。

確認王爺降駕之後，神轎就會在木材行內部、外圍移動，最後會選出合適的木頭。但這樣還沒結束，老闆和木工師傅會在旁等候，直到吉時，就會將獲選的木頭加以裁切，把木頭加工成弓形的形狀。

由於這是要給王爺搭乘的寶艕。所以裁切結束之後，會用香爐淨化，最後用紅布包起來。

整個過程結束之後，會首、委員等隨行人員，一同用轎籤將寶艕扛回萬年殿的北船廠。

王船換上新的寶艕之後，爲了避免出巡時磨損過多，還會特別加裝不鏽鋼的外殼，藉此保護寶艕，這個動作被稱爲「墊艕」。

萬年殿王船出巡的儀式

等船隻修補的工程結束以後，接著需要進行開光儀式，賦予王船靈力。其中一項要做的事，就是必須將白公雞的雞冠劃一刀，取得雞冠血，用硃砂筆沾混有雞冠血的硃砂輕點在船頭的彩繪獅頭、寶艕和船隻兩側的龍目等部位，整艘船才算開光完畢。

因爲這是神船，所以和其他送王爺、燒王船之「遊天河」的儀式不同。萬年殿每逢王醮，不

圖 1、船頭的彩繪獅頭。
（圖片來源：林森路）

圖 2、船側的龍目。
（圖片來源：林森路）

會建造新的王船，而是針對既有的王船進行修整，並且帶著王船遶境。過去王船的確會在二仁溪裡航行，由信眾拉動船隻，後來因爲二仁溪的自然景觀改變，才改由路上行船。

在王船前方灑水，藉此開路，稱爲「遊地河」，並且送王不送船，王船輪流暫居二仁溪旁的廟宇中，儀式結束後，再回萬年殿安奉。

形象千變萬化的王船公

二〇二四年年初，萬年殿的廟方和廠商合作，推出千分之一比例的王船，引發一陣銷售熱潮。廠商用心仔細復刻了王船的每個部位。其中特別吸引人的部分，就是模型上的龍目，龍目是王船的重要部位，能讓船隻航向正確的方向。模型上龍目的存在也讓王船變得可愛。

回顧王船至今歷史意義的演變，過去王船是灣裡的信仰核心，然而借助現代模型製作的技術，王船的形象更加深入人群之中。小巧的模型，也許能流傳到比原型王船更遠的地方。

當我們提到大航海時代，臺南是重要的航行節點。若從這個地方思考臺灣的王船、王爺信仰，也許會得到另一個值得深思的議題——歷史如何記憶這些漂流而來的事物？

就像墾丁的八寶宮，裡頭祭祀的八寶公主，原先遇難的是美國人，其形象在民間流傳之後，逐漸變爲荷蘭公主。歷史文獻與民間傳說，其中的動態演變，也讓人深深著迷。

藉著書寫、調查王船公的機會，特地跑了一趟萬年殿，親眼見到王船。同時也和廟裡的志工聊天，提到自己要寫這篇文章，志工非常熱心說了王船的歷史，也分享可以再向誰請教。

來到萬年殿，廟裡的志工都會非常熱心地向信眾或訪客述說王船的歷史，雖然問到的故事，或許和文獻記載有所出入，但這樣的出入，並不代表文獻的紀錄有誤，也非當地居民的記憶不對，這反而代表在地的信仰依然生猛有力，隨著時代的演變而有所變化；在當地居民生動的口述下，可以感受到信仰的悠久傳承，及虔誠的信仰力量。

13 王船公

（圖片來源：林森路）

年代＼清乾隆年間

製作者＼不可考

典藏地

灣裡萬年殿

文物圖解

1. 永祀王船：儀式結束後不火化的王船，平時會在廟裡受到供奉，儀式期間會跟著王爺出巡。
2. 積木組：灣裡萬年殿和積木廠商合作，推出 1/1000 等比例模型的積木，共有 908 片，是傳統信仰跟現代文化連結的絕佳嘗試。

不求歸鄉只願安息

撰稿：邱睦容

南山公墓內，一方寫著「旅櫬安之」的石碑，直直地被立在一間掛著「南山府」招牌的棚架內，碑前設有香爐、祀奉著素果與三盞清茶，兩旁花瓶插著的鮮花，看起來是定期有人在更換。看到這個景象的人，大概都會產生疑惑，「旅櫬安之」這四個字，看起來既非神明的名字，也不是常見的墓碑形式，爲什麼會成爲被祭祀的對象呢？

這塊碑紀念的是一批特殊的人群。「櫬」，這個今日已不太常見的字，指的是棺材。清代一批在異鄉工作的人們，因爲不同的原因，於府城長眠，「旅居」成爲「旅櫬」，「旅櫬安之」四個字，便蘊含著祈願這些靈魂永遠在此安息的意思。

城內的官署與師爺

這些人是誰呢？石碑右側的「嘉慶二十四年」字樣提供了一點線索。

那是一八一九年，臺灣受清帝國統治的第一百三十六個年頭，距離這方石碑大約兩公里遠的地方，是有著七座城門、周長二六六二丈（約八千公尺）規模的一座城池，城內有著蓬勃的大街、民居、廟宇，當然還有運作整座城市的官署——全臺統治中心的「臺灣府署」、擁有軍政權責的「臺灣道署」、管轄著臺灣縣（臺灣府城）的「臺灣縣署」、稽查港口船隻出入的「海防廳」，其地位如同今日的總統府、國防部、縣市政府和海巡署。

在這些官署中，不只有掌握權力的官員，也有大批從旁協助各項行政事務的工作人員。辦公廳舍內來來去去的工作人員，有著「幕客」、「幕友」之稱，意思是幕府的僚屬，通俗一點的稱法則是「師爺」。師爺負責的工作多元，有的協助長官撰寫書信、起草給皇帝的奏摺，也有人嫻熟法律，專門辦理刑事、民事案例，而有財政專長者，則會負責財政、賦稅等事務。儘管沒有正式的官職，但作爲官員行政秘書的他們，支撐著官署運作，也是在清代府城街道中活動的人群之一。

城外的長眠之地

一般來說，師爺隻身跟隨著派駐的官員來臺，三年期滿後便會回到故鄉，但偶有遭逢疾病、意外而不幸過世的狀況，這時便會面臨兩種選擇：一是等待專門運送兵丁骸骨的「太平船」回歸故里，二是埋骨於異鄉。

儘管「落葉歸根」是大多數人的期望，但載運遺體實在不是太吉祥之事，許多船戶都將棺柩的運送工作視爲畏途。在沒有冷藏設備的清代，面對高溫多濕的氣候，無法回家的師爺棺柩只能暫時「寄櫬」。早在康熙年間，城外南、北方的郊外，便已興建了專門寄供棺木寄放的「南壇」與「北壇」，但棺木擱置久了，總會有暴露、損壞的情形，寺廟的存放空間亦不敷使用，到了一七五二年（乾隆十七年），累積無法處理的棺木甚至達到了六百多副，這使得當時的地方首長——臺灣縣知縣不得不購置土地，在南北壇附近就近設置「義塚」，讓寄櫬的棺木入土，其中一處義塚的位置，便是在南郊墓地內的「水蛙潭」。

隨著時間日久，這裡逐漸變成許多師爺、家丁、衙門差役埋葬的地方，對於這些旅外工作者生命的最後停留之處，人們則給了「師爺塚」的稱呼。墳塚旁更陸續建立起了祠堂，來自浙江的師爺，爲長眠的同鄉建了「積善堂」，福州師爺建的是「同善堂」，祠堂內有發起人的祿位，並定時舉行春秋兩祭，祭祀埋骨異鄉的同僚。

師爺們隻身來臺，自然也沒有家屬爲其處理身後事。在一則一八五九年（咸豐九年）的契約文書中，記載了當時處理後事的方式：一位名喚陳鴻的人，爲在臺病故的同鄉朱琴川辦理喪葬事宜，並且將剩下的喪葬費銀一百元，代爲購買縣署前右方一座的二進形式（即前後平行的二排房屋）瓦屋。在陳鴻要返回故鄉之際，他找來了代書立下典契，約定將先前購買的物業轉交給「積善堂」管理，同時把朱琴川的神主牌移祀入積善堂，且要求祠堂「逐年春秋祭祀，以免隔海重洋千里掛念也」。儘管典契中並未書名陳鴻與朱琴川的職位，但從爲同鄉辦理後事、入祀積善堂的舉動，推測兩位正是在府城官署中工作的師爺。

「安之」與之後

除了浙江、福州人所創建的祠堂外，師爺塚的中央，還建有一座福德祠，作爲神主牌與骨罈的存放之所，門聯上有師爺的題字「千里萍鷗魂歸長夜，一盂麥飯淚灑他鄉」，而對面立著的「旅櫬安之」石碑，與福德祠對望，像是勸著祠內孤魂「安之」。

福德祠一直在南郊墓地看顧著香火，直到二戰時才因空襲屋倒毀損，若祠堂與石碑是同時被打造，算一算也已經挺立了一百二十多年。戰後，福德祠空地被開墾成爲一片釋迦果園，根據文史研究者連景初在一九六九年的記錄，每逢清明節，師爺墓依舊有福州人士前往祭掃。

至於躲過戰火的「旅櫬安之」石碑，則埋藏於墓塚之間，直到一九八〇年代才被附近有應公廟「南山府」的管理人發現，並且安置到范府元帥旁就近照顧，成爲今日所看到的景象。

圖 1、「南山府」棚架下方，范府元帥祠廟與「旅櫬安之」石碑相鄰。
（圖片來源：邱睦容）

圖 2、浙紹山陰胡晉川之墓。
（圖片來源：邱睦容）

圖 3、「臺灣縣督捕廳」今址，位於成功國小內；2019 年起進行中西區赤崁文化園區改造工程與縣署的考古試掘。
（圖片來源：邱睦容）

現身的師爺

很長的一段時間裡，人們對於清代府城師爺的認識，只有「師爺塚」地名與一方「旅櫬安之」石碑。一直到二〇一九年，因籌備臺南市政府水交社文化園區「水交社歷史館」的機緣，在展覽的前期踏查中，在師爺塚附近，橫躺在地的「浙紹山陰胡晉川之墓」墓碑，赫然出現在眾人視線之中。來自浙紹的墓主，其墓立於一八二八年（道光八年），立碑人並非其親屬，而是署名「臺灣縣督捕廳金日亭建立」，「臺灣縣督捕廳」即是位於臺灣縣署旁邊的捕廳（今成功國小），負責緝捕業務。墓主之名與職位雖然未見於史冊，但從立碑人與出土地點來看，推測這是一門由同僚立石的師爺墓。

圖 4、浙紹山陰吳杞南之墓。
（圖片來源：蘇峯楠）

圖 5、澄邑振暘曾公墓。
（圖片來源：邱睦容）

不久之後，在胡晉川之墓附近，來自同一故鄉的「浙紹山陰吳杞南之墓」也跟著被發現，立碑時間則是稍晚的一八三〇年（道光十年）。儘管墓碑上未載明立碑者，但從兩碑相近的豎立地點、立碑年代，與類似的書寫方式（浙紹山陰〇〇〇之墓），再加上他們同樣來自「浙紹」（浙江省紹興府）——明清時期因出產眾多師爺，而被稱爲「師爺窟」的所在——推測吳杞南極有可能也是一名師爺。

兩座出土的師爺墓，與一旁的「旅櫬安之」石碑，不僅對應了一個流傳已久的地名，也從城外廣袤的一方墓地中，連結到了一群在府城歷史中，長期被忽略的人們。

臺南四百年來的墓地與府城

現今在南山公墓內，能找到年代最悠久的一塊墓碑，是立於一六四二年（崇禎十五年）的「澄邑振陽曾公墓」，碑體的最上方刻「皇明」，旁書「孝子若龍若鳳仝泣立」。

從立碑年代來看，來自澄邑（福建省漳州府海澄縣）的曾振陽不僅是明代人，而且還是在荷蘭統治時期（一六二四—一六八三）在臺灣討生活的華人。當時的臺南由東印度公司管理，而曾振陽可能是帶領中國沿海移民在臺從事農耕開墾的頭家。在府城之南，自十七世紀以來便矗立於此的墓碑，與位於府城之西，即將屆滿四百年歷史的熱蘭遮城殘跡，四個世紀以來遙相呼應。

躺在地上的墓碑映照了歷史，地下的陪葬品則是臺南與世界交流的線索。如「皇明顯妣夫人洪氏墓」陪葬物之一的肥前窯山水紋青花瓷小瓶，見證了十七世紀後半，明鄭王朝在清廷的海禁政策下，與日本進行瓷器的轉口貿易；而墓地棺槨內出土的西班牙銀圓（流通於十五至十九世

圖6、肥前窯山水紋青花瓷小瓶，為「皇明顯妣夫人洪氏墓」出土的陪葬物。
（圖片來源：野象映畫）

紀）、日本錢幣寬永通寶（一六三六年開始鑄造流通）、鄭氏父子於日本鑄造的永曆通寶……，說明了常民與海外世界的頻繁交流。

公墓內的累累墳塚，不只是墓主個人的生命縮寫，也是時間凝結的文物。在南山公墓隨著都市計畫、社會形態變遷而面臨拆遷的今日，我們該如何更具歷史感的思考墓碑、墓地與當代城市的關係？以及如何透過陪葬品，把臺灣置入世界貿易往來的視野之中？或許只有回到文物與他們所在之處，才能找到解答了。

延伸閱讀

1 蘇峯楠，〈歡迎光臨臺南夜總會——臺灣最大、歷史最悠久的城市墓地「南山公墓」〉，《觀・臺灣》第四十期（二〇一九年一月）。

2 蘇峯楠，〈映照府城 400 年，南山公墓如何與現代城市並存？〉，網址：https://www.twreporter.org/a/opinion-tainan-nanshan-cemetery-heritage/，二〇一九年二月二十一日。

14 旅櫬安之石碑

（圖片來源：邱睦容）

年代＼西元 1819 年（嘉慶 24 年）

典藏地
臺南南山公墓

文物圖解

1. 石材：碑體為「青斗石」，因為硬度高（約 3-4 度），較耐風吹雨打，是南山公墓內的常見石材。
2. 香爐：刻有「南山府石碑公」，臺灣人習慣供奉出土的殊異石頭，並尊稱為「石頭公」，是土地神崇拜，「石碑公」亦屬此類。
3. 南山府：為無主孤魂升格為神的祠廟，與石碑一同見證了公墓內信仰的特殊性。

致謝：關於「旅櫬安之」石碑的材質，感謝福源石店陳盈州老闆協助辨識。

傳神寫照

撰稿：游淳詔

二〇〇一年臺南石鼎美家族的後人石允忠（一九二四—二〇一九）捐贈了六幅祖先畫像（石義卿、石芝圃、石逑亭、石啓臣等）給鄭成功文物館典藏（今臺南市立博物館），其中之一就是本文所提到的〈石芝圃八十壽畫像〉。

這幅畫中人物是誰？爲什麼會有這幅畫像？就要從石鼎美家族的開臺祖，也是石允忠的曾高祖石時榮開始說起。

石成鼎美

石時榮（一七七九—一八六一），字希盛，號芝圃，原籍爲泉州同安縣廿一都嘉禾里北山堡坂美社（今中國福建省廈門）。一七九七年（嘉慶二年），十九歲的石時榮依照父親指示來臺灣發展，在臺灣郡城西外新街（約今臺南市西門路二段二二五巷）的四美行工作，後續擔任會計，也發展其他投資。事業有成後，他依照官方規定捐錢給朝廷，獲得監生的頭銜。

一八〇一至一八〇六年（嘉慶六年至十一年）蔡牽侵臺時，石時榮響應知縣薛志亮的號召，捐錢幫忙招募兵士，後來以協助守護城池的功績，得到軍功六品同知的頭銜。在他經商的十六年間，曾先後匯了二萬兩回故鄉，購置房舍田園，興建宗祠「三典堂」，在宗親族內很有名望。

一八一三年（嘉慶十八年），他來臺灣滿十九年，在當年秋天回廈門謁祖，遵照父親指示和兄弟分家後，沒拿任何財產就返回臺灣，定居府城，改籍貫爲臺灣。他在大西門外頂南河街（約今臺南市和平街西側）開店，以「鼎美」作爲商號名稱，開始經營糖郊生意，生意蒸蒸日上，因其個性節儉，迅速累積起家產，成爲府城首富和三郊董事。他熱心公益，曾捐款修建大天后宮、銀同祖廟、馬公廟等廟宇，設置公斗、公砣的度量衡規範，建立育嬰堂、義塚等機構，救助鰥寡孤獨、貧困和生病的人。

石時榮擔任三郊董事期間，陸續協助官方擊退一八二四年鳳山的許尚和楊良斌民變、一八三二年的張丙之亂（？—一八三三）、一八五三年鳳山林恭響應太平天國的起義。因爲平亂有功，朝廷封給他二品官的職銜。一八三九年，石時榮修建南河港橋，疏通河道（今和平街至大井頭附近），設立「南河橋涵示禁碑記」石碑（現存於大南門碑林）。一八四〇年鴉片戰爭時，出資修築城垣，招募義民防守。他積極參與公衆事務，是當時具有重大影響力的人物。

一八四三年（道光二十三年），因四子石耀宗（生卒年不詳）連中秀才和舉人，石時榮晉升爲在地仕紳，準備在店鋪後方興建宅第。根據石時榮後代石萬壽

（一九四四—）的說法，石鼎美古宅和一般房子的興建順序不同，因為興建時石耀宗還沒考取舉人，依照《清會典》的宅第規範，房舍屋頂還不能使用翹脊，只好先從旁邊的護龍開始蓋。

石時榮一手打造的石鼎美古厝，是坐南朝北「七包三進」的閩南式傳統民居，前廳名為「衍慶堂」，石耀宗高中舉人的「文魁」匾額就懸掛在這裡，中廳是「怡和堂」，書房名為「仰軒」，是大西門外唯一的大宅院；雖然後來拆除了部分擴建的房舍，但最早的古宅目前保存狀況還算穩定，石鼎美古宅現為臺南市的直轄市定古蹟。

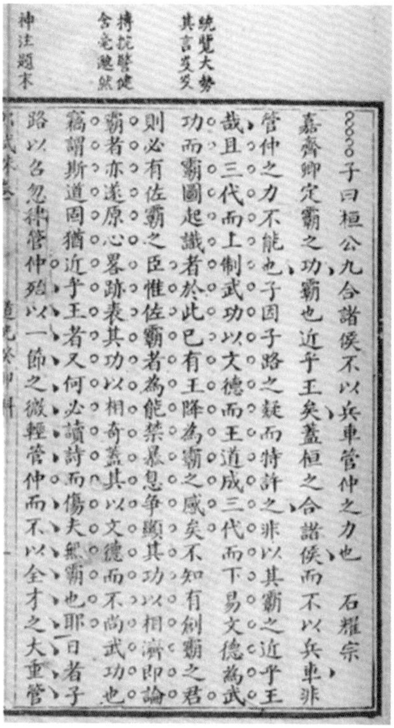
統覽大勢 其言岌岌
持論警健 含毫邈然
神注題末

子曰桓公九合諸侯不以兵車管仲之力也　石耀宗
嘉齊卿定霸之功霸也近乎王矣蓋桓之合諸侯而不以兵車非
管仲之力不能也子因子路之疑而特許之非以其霸之近乎王
哉且三代而上制武功以文德而王道成三代而下易文德為武
功而霸圖起識者於此已有王降為霸之感矣不知有劍霸之君
則必有佐霸之臣惟佐霸者為能禁暴息爭顯其功以相濟即論
霸者亦遂原心畧跡表其功以相奇蓋其以文德而不尚武功也
竊謂斯道固猶近乎王者又何必讀詩而傷夫無霸也耶曰者子
路以名忽詰管仲殉以一節之微輕管仲而不以全才之大重管

鄉試硃卷　道光癸卯科

圖 1、石耀宗於 1843 年（道光 23 年）赴福建省城福州應考中舉後所刊印的《鄉試硃卷》。
（圖片來源：國立臺灣歷史博物館）

圖 2、石鼎美古宅外觀。
（圖片來源：Pbdragonwang）

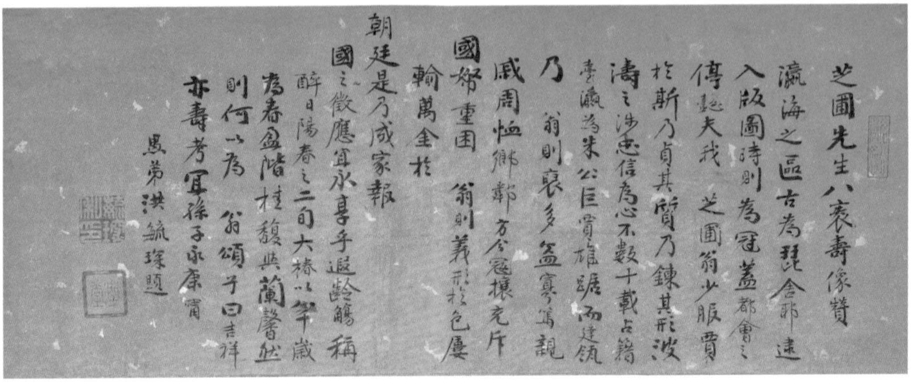

圖 3、臺灣府海防同知洪毓琛贈與石芝圃八十大壽的畫像題贊。
（典藏單位為臺南市立博物館）

這幅畫像題贊描述的是石時榮八十歲大壽時的畫像，題字者是當時擔任臺灣府海防同知的洪毓琛（一八一三—一八六三），也是他率領蔡廷蘭（一八〇一—一八五九）、施瓊芳（一八一五—一八六八）等全臺名流八十三人共同贈予石時榮的賀禮。從題贊中，可以看到官府及仕紳對石時榮的詠贊，內文提到以前的臺灣是化外之地，等到被納入清帝國版圖時，就聚集許多名人仕紳，石時榮便是其中一位。他年少時從商，性情質樸，以忠實誠信爲本，在臺灣數十年就成爲陶朱巨商，秉持著開源節流的做法積累財富，受到親友讚許，敦親睦鄰、樂善好施。遇到民亂和官府財政困難時，常招募義民保護鄉里協助平定民變，也常奉獻萬金給朝廷使用，是功成名就後回饋社會、報效國家的榜樣。年高德劭的石時榮還能活力充沛，家庭和睦，還有什麼能夠頌揚他的話呢？只能祝其吉祥長壽，子孫瓜迭綿延了。

這份賀禮凸顯清代官府依賴地方仕紳提供協助平定民亂，給予財政困窘的朝廷金援，顯示石時榮在臺南府城的重要角色。而臺南府城五條港的郊商文化，無論在提倡文教、領導地方組織、修建城牆、修建廟宇、社會救助等公益事業的積極參與，其代表的是穩定社會秩序的在地強大勢力，同時也呈現五條港地區的繁榮景況。

祖傳顯行

在漢人的祭祀禮儀中，會以祖先肖像畫作爲後代子孫追思紀念之用；在清末時期，攝影術尚未普及前，民間的畫師興起一股「畫照片」的風潮，畫師們利用碳筆作畫，將光影變化融入到人物畫中，人們稱肖像畫爲「寫眞」或「傳神」。

臺灣從清代開始，祖先畫像上所穿的官服，經常有越級形制的狀況發生，這代表的不僅是後代對先祖的追思盡孝之情，也是逐漸將祖先由人格化轉變爲神格化的趨勢。子孫們代代相傳的祖先畫像，不只是記錄家族的過往歷史，也藉此凸顯家族的榮耀和特殊性。

當時石芝圃的官階爲從二品，其官服中央的章補應爲錦雞，卻使用一品文官的

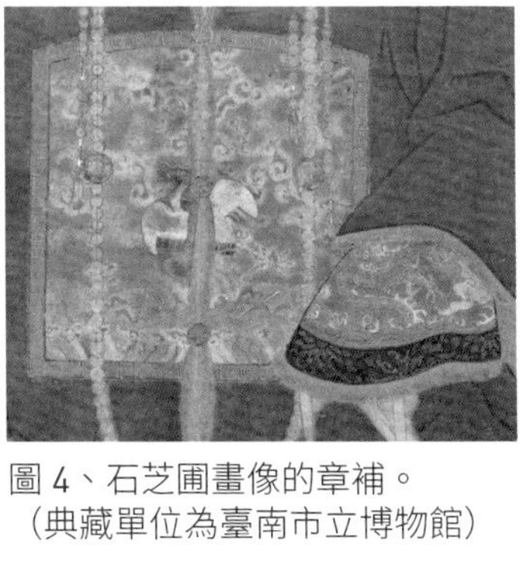

圖 4、石芝圃畫像的章補。
（典藏單位為臺南市立博物館）

鶴圖樣，就是越級形制的例子。但特別的是，這幅畫像是由官方代表所贈，卻未按照官方規範繪製章補，可能是顧慮石時榮位居郊商董事的重要地位，以及常提供官方金援、平定民亂的功績，而擅自爲其升官吧！

臺南未來式

石時榮最爲人所知的後代，就是人稱「活字典」，曾任職於臺南市歷史館的石暘睢（一八九八—一九六四）和曾任國立成功大學歷史系教授的石萬壽（一九四四—）。石暘睢之子石允忠（一九二五—二〇一九）曾驕傲地說到「我們的開臺祖石時榮是清朝臺南的富商，因爲鋪橋造路，抵抗海寇有功，屢受朝廷追封而官拜二品」。

延續著石時榮、石暘睢爲公衆謀福、無私奉獻的精神，石允忠希望家族的珍貴文物可以留在臺南，不僅能讓更多臺南人，以及來到臺南的人們可以透過文物，認識曾經在此地閃耀光輝的人們。更重要的是，可以讓臺南人更深入了解自己所在土

圖 5、2018 年筆者與臺南市文史協會葉瓊霞監事、國立臺灣歷史博物館陳怡宏副研究員、周宜穎助理研究員，為了籌備「南方共筆：輩出承啟的臺南風土描繪特展」一同拜訪石允忠，聆聽他述說石鼎美家族的歷史。
（圖片來源：游淳詔）

地的每一個故事，也爲後代子孫留下珍貴的文史寶藏。

四百年對臺南來說，只是一個時間的斷點，曾經生活在這片土地上的人，才是成就臺南之所以爲今日臺南的關鍵；一個人可以呈現當時的生活，一個家族則可以凸顯其跨越時代所關注的焦點。石鼎美家族對土地的熱愛、對社會的關懷，以其民間力量做到官方所做不到的事，只是臺南家族史中的一角。臺南的人們拼湊、堆疊出不同時代的臺南精神，有跨越明鄭、清代、日本、戰後的時間線，還有包含平埔族群、荷蘭、原住民、漢、日、新住民等族群，所共同交織而成的臺南進化式。讓臺南不斷內化凝鍊的，是持續傳承和無私分享的精神，有前人的積累和守護，讓臺南人可以在這座城市中不斷挖掘屬於我們的臺南，這也是臺南和其他城市不同的地方。

延伸閱讀

1 謝忠恆，《謝琯樵〈石芝圃八十壽屏〉》（臺南：臺南市政府，二〇一四）。
2 李建緯、陳國興、林建育、范定甫、廖伯豪、周明翰，《以形傳神——認識金門祖先像》（金門：金門縣政府文化局，二〇二三）。
3 李建緯、廖伯豪、賴怡慈、周明翰，《傳神：走進金門祖先畫像》（金門：金門縣政府文化局，二〇二一）。

15 《石芝圃八十壽畫像》

（典藏單位為臺南市立博物館）

年代＼約繪於西元 1858 年（咸豐 8 年）

典藏號＼2018053112500

典藏地

臺南市立博物館

文物圖解

1. 畫作尺寸：230×109 公分。
2. 在沒有相機、手機的年代，要怎麼留下珍貴畫面呢？尤其是生日、紀念日無法拍照留念，就不能和其他人分享喜悅和炫耀啦！既然沒有科技，就只能依賴畫工和智慧了，要能顯示身分尊貴，又不能太過張揚，對畫師來說是個大挑戰，讓我們來看看畫師做了什麼吧！

   (1) 人物：身穿正式官服，手留長指甲，顯示身分尊貴，不用勞動。

   (2) 座椅：椅墊是雲龍紋，椅角用金屬包覆，增加華麗感。

   (3) 吉祥紋樣：底座表面刻有日出、海浪和雙蝠，有福如東海的祝壽涵義。

來自英國傳播福音的利器

撰稿：林森路

巴克禮牧師（Thomas Barclay）拂去木箱上的灰塵，心裡激動萬分。總共有十一個木箱，放在裡面的不是聖經，是傳播福音的最佳工具——Albion 印刷機。由馬雅各醫師（James L. Maxwell）捐贈，這些木箱飄洋過海，從英國來到臺南安平，最後落腳在亭仔腳禮拜堂（今青年路附近）。

只要使用 Albion 印刷機，就可以大量印製刊物——譬如傳遞新知、教義的報紙，這樣子就能讓更多臺灣人理解上帝的福音了。

但他們的興奮沒有持續多久，大家突然想到另一個問題——沒有人知道該如何組裝印刷機，更不用說該怎麼使用了。

「既然東西是從英國來的，」巴克禮心想，「那我就回英國學習如何使用。」於是巴克禮利用例假返英的時間，前往一間位於格拉斯哥的印刷公司，學習如何檢字和排版，也學會了如何組裝印刷機。

組裝機器對於巴克禮來說並不困難，在投身傳教之前，巴克禮就讀於格拉斯哥大學時，就對電氣學頗有研究，受到當時專家的肯定。

學成歸國的巴克禮，一回到臺南，就動手組裝印刷機。

一八八四年五月二十四日，印刷機開始工作，巴克禮牧師同時成立了「聚珍堂」，臺南人則比較習慣另一個稱呼「新樓書房」。根據巴克禮的自傳，原本刊物要在一八八四年開始發行，但由於清法戰爭影響到臺灣，直到一八八五年七月十二日，《臺灣府城會報》創刊號發行，一共有四頁。

當巴克禮看著印刷好的報紙，不知道內心有什麼感想，也許他激動於臺灣人能夠更加理解基督教的眞義，但這份報紙帶來的影響，遠遠超出他的想像。這份報紙不只是臺灣第一份報紙，而且讓文盲可以快速學習，理解世界大事，更催生了一連串著名的臺灣文學作品。

在巴克禮使用 Albion 印刷機之前，臺灣就已經有印刷技術了。但要了解這個印刷機的意義，必須先從印刷術在臺灣發展的歷史說起。

活版印刷在臺發展

根據研究，當鄭氏王朝在臺灣反清復明時，他們也帶來大量的漢字書籍。爲了宣揚儒學、推廣教育，當時臺灣出現了最傳統的雕版印刷，並且印有曆書《大明中興永曆二十五年大統曆》，這份曆書目前收藏於大英博物館。

但隨著局勢演變，當時的臺灣並沒有足夠的資源、需求繼續發展印刷技術。到了清代，書籍多半是在廈門進行印製，然後才將成品運到臺灣。也因爲清代的雕版印刷技術非常成熟，所以當時進口的書籍多半是雕版印刷印製而成。

到了清末，才有文獻提到活版印刷進入臺灣，也就是巴克禮牧師引進的 Albion 印刷機。

也許讀者會感到好奇，難道英國的印刷機有中文版本嗎？爲什麼巴克禮牧師一組裝好 Albion 印刷機，就可以開始印刷刊物，在臺灣流通？

這牽涉到巴克禮牧師傳教的另一個法寶——白話字。

白話字的出現

在巴克禮來到臺灣傳教之前，已經有好幾位牧師來到臺灣，甚至連荷蘭人都曾經殖民臺灣，但爲什麼基督的福音並未在這座島嶼生根呢？經過研究發現，他們理解到當時臺灣的識字人口不多，無法閱讀漢字版本的《聖經》。

《聖經》無法普及，就難以讓信眾自行閱讀，只能依靠牧師宣講，這樣自然大幅降低了傳播宗教的速度。

於是長老教會參考在馬六甲、廈門等其他地方的傳教經驗，教導信眾學習白話字，將自己的口語用羅馬字拼音記錄下來，只要會講就會寫，只要讀出聲音就能明白其中的意思。

這樣子的推論，並非憑空想像，在巴克禮身邊就有現成的例子。協助他印刷的蘇沙（出身於大樹腳，即今高雄市大樹區），才花了三天就學會白話字。巴克禮發現蘇沙的天分，就派他去廈門學習檢字。學成之後的蘇沙，回到臺灣就開始協助白話字刊物的印刷工作。

由於白話字是用羅馬字進行拼音，從英國來的 Albion 印刷機自然可以在臺灣派上用場，這樣子的拼音方式，經過時間的演變，至今依然是記錄臺語的主要方式之一。

但 Albion 印刷機的神奇之處不止於此。

不一樣的印刷機

要談 Albion 印刷機的神奇之處，就要簡單說明印刷機的起源。古騰堡（Johannes Gutenberg，一三九八—一四六八）改良印刷機之後，其他人也爭相改良印刷技術。

圖 4、使用 Albion 印刷機的紙張對位程序。

圖 5、使用槓桿原理的 Albion 印刷機。

圖 6、Albion 印刷機的壓印機。

圖 1、使用 Albion 印刷機的檢字程序。

圖 2、使用 Albion 印刷機的排版程序。

圖 3、使用 Albion 印刷機的上墨程序。

（圖片 1-6 來源：典藏特蒐科技文物數位加值網「Albion Press 活字版印刷機 操作流程」https://youtu.be/VEZ_zi_ytx4）

古騰堡的印刷方式和 Albion 印刷機大致相同，總共分爲幾個程序，第一是檢字，挑選需要印刷的字體；第二是排版，將揀選的字體放入模板中；第三是上墨，將墨水上在模板上；第四放好紙張。兩者最大的不同是壓印方式，古騰堡的印刷是將紙張送入印刷機之後，使用螺旋壓機慢慢旋轉，將墨水壓印在排版好的模板上。而 Albion 印刷機則是使用槓桿原理，這樣就不用費時旋轉壓印機，也避免施力不均等問題。

根據過去的文獻，Albion 印刷機由一到兩人操作卽可，每小時可以印出兩百五十頁。有了這個利器，傳教工作就能夠順利進行，巴克禮牧師除了用白話字印製報紙，也將《聖經》翻譯成白話字。

當白話字廣爲流傳，其他人也開始思考如果白話字不只用在傳教上，還用於文學、文化推廣，這樣子不就能讓更多臺灣人識字？日治時期，知識分子蔡培火就發現白話字的妙用，不只開班教臺灣人學習如何使用白話字，也用白話字寫日記，甚至出了一本《十項管見》（Chap-hāng koán-kiàn），用白話字談社會現象、自然生態。巴克禮牧師、蔡培火用白話字書寫的歷史紀錄，都在提醒著人們，臺語不只能說，也能用文字溝通。

Albion 印刷機退休

時間來到戰後，國民政府全面打壓白話字，即使蔡培火希望用「注音白話字」的方式來解決語言問題，卻仍逃不過當局者的打壓。經過多次周旋，政府依舊於一九七〇年代禁止白話字使用，《臺灣教會公報》（原名《臺灣府城教會報》）也開始全面使用中文。

於日治時期去世的巴克禮，大概也沒想到之後白話字的發展會遭受國民政府打壓。

一九六〇年代末，政府禁用白話字，雖然這臺 Albion 印刷機早已退休，但它的貢獻值得永久流傳，卻一度埋在歷史的塵埃，只有少數人記得。

該讓更多人記得這臺機器的貢獻了。

一九三五年十月五日，巴克禮牧師長眠於臺南，從一八七五年初次抵達臺南，他在這裡傳教六十年。雖然這臺 Albion 印刷機，如今已經不再肩負印刷的任務，但它散播的知識、教義福音，早已是臺南史的一部分。它見證了白話字在臺灣的散播、見證了歷代政府的打壓，到現在越來越多人學習白話字，試著書寫自己的語言。

同樣來自英國的 Albion 印刷機和巴克禮牧師一樣，全心全意爲臺灣犧牲奉獻。

16 聚珍堂 Albion Press 活版印刷機

(圖片來源：臺灣基督長老教會總會教會歷史委員會)

年代 \ 西元 1872 年

製造地 \ 英國

典藏地
臺灣基督長老教會總會教會歷史委員會，目前暫存於國立科學工藝博物館

文物圖解

1. 報紙：全臺第一份報紙《臺灣府城教會報》，就是用這臺印刷機印製而成。
2. 白話字：教會利用白話字，讓臺灣人只要懂拼音，就能夠唸出報紙的文字，進而理解內容。
3. 飄洋過海：印刷機的零件被拆裝成 11 箱零件，從英國坐船來到臺灣。

特寫

全糖市的氣味

謝金魚

二〇二二年，在疫情告一段落後，我從臺北搬回臺南，距離第一次進入成大已有二十年之久。那時，我第一次離家讀書，父母載著我跟一車行李南下，金色的阿勃勒、不同時代的紅磚牆，是我對臺南最早的印象，我的寫作生涯也由此展開。當時的臺南沒有社群媒體上「全糖市」的戲稱，只有巷弄間半是自豪、半是落寞的自稱「府城」或「鳳凰城」。

二十年來，臺南人依然頑強且偏執地守著某些在當代已經凋零的價值與技術，原先看作落伍、早該被科技取代的，卻在其他城市的古早味消亡之時，成爲被全臺灣關注的文化遺產。臺南從帶著一絲惆悵與落魄的老城，蛻變成全臺最大的沉浸式劇場，新時代的臺南人也用不一樣的方式改造與推廣這個城市。

在此時回到臺南，也感受到學生與市民的差異，學生多在學校周邊，不太會與社區互動，在臺南生活卻必須跟鄰居或店家打交道。爲了能儘快在此安身，我捨棄了機車，步行探索臺南，走街串巷時，常常會遇到一些從前沒注意的角落，我在門口或岔路嗅一嗅，如果出現了不曾聞過的氣味，就會停下來看看，一番詢問後，常常會得到有趣的發現。

許多人問我，臺南是不是連空氣都甜甜的？其實臺南人對於這個稱呼的反應很兩極，一部分是認同、也拿來自嘲，另一派則非常厭惡，堅稱臺南講究的是有層次的「甘」，而不是平板無奇的「死甜」。當然，也有人從歷史來說臺南產糖、而糖以前是高貴的食材，所以臺南的甜是一種老派的炫富行為，但我個人認為除了福州菜的影響，或許是臺南人並不喜歡過於突出的味道，酸、辣與苦都不大容易調和，糖就像拋光用的砂紙，可以磨去味道中的稜角，讓滋味變得平衡。以上這些說法都加深了臺南嗜甜的印象，像是空氣中都漂浮著懷舊的甜美氣息。

大學時我常常去大天后宮旁的算命巷裡買冬瓜茶，新鮮的冬瓜有一種沁涼的淡香，旁邊的大鼎則熬著溫熱厚實的糖漿，冬瓜丟進大鼎，冒出藥草般的冷冽氣味，要不停地攪拌直到整鍋糖漿濃縮後才能起鍋，此時整條巷子像是漂浮著無形的懷舊氣泡一樣甜美。糖可以千變萬化，在舊臺南縣的山區仍有匠人遵循古法製作柴燒黑糖，帶著地土氣味的醇厚熟香蘊含著一種滋補的力量。

現代製糖技術還沒引進臺南以前，曾經遍地都是這種製糖作坊，只是黑糖的價格不好，所以主要是把濃縮後的糖漿（稱為菜糖）運到府城周邊的糖間進行精製，做成價格更高的白糖，或者再加工成為冰糖。日本人帶來了現代糖廠，這些手工作坊逐漸退場，許多人以為製糖的空氣必然甘甜，其實不然，像小時候含在口中的健素糖氣態化一般，濃厚的發酵氣味現代人大概無法接受，但聞在許多長輩的鼻中，卻是令人懷念的氣息。糖被送進了臺南，最大宗的用處是糕餅，老式漢餅多用豬油，加入麵粉與糖混合加熱後轉成溫暖厚實的氣味，煮得綿鬆的餡料裡肯定要加上滿滿的糖，才能保存得久，烤餅時的甜軟香氣總讓人聯想到喜慶，像我有一回因為找不到車位滿懷怒意，聞到巷弄的餅香時突然就不氣了，我想，再怎樣苦命的人在聞到這個氣味的瞬間也會想起生命中少許的好事而變得柔軟起來吧？

糖對於受苦的人是一種心靈的撫慰，旅客們常買的椪餅就是一種療癒系點心，椪餅單吃沒有什麼滋味，標準吃法用燒熱的麻油先煎薑片、再煎椪餅，鍋內散發焦香時，敲開餅殼、打入一顆雞蛋、壓扁再翻面，麻油薑的熱氣沁入餅殼、黑糖包裹著雞蛋，雖然又黑又醜，但油香、薑味、糖香與蛋香合而為一，簡直應該列入國宴點心。據說椪餅煎蛋是給窮苦、無法吃麻油雞坐月子的婦女補身用的，來自下林的夫家還有豪華配方，就是加上泡過酒的桂圓，從夫家阿嬤、婆婆傳給我，現實殘酷，但口中的椪餅外酥內軟，麻油、薑、糖香與桂圓混合而成一種母性的安慰。

從臺南進入歷史時代以來，糖就從來不曾遠離，直到今日，糖香在臺南仍在進行不同的轉變，那些微妙多變的糖味在巷弄中隨著季節或濃或淡，等待著鼻子靈敏的虎鼻師們細細嗅聞。

毛斷面容

人像頭部殘件的訊息

撰稿：邱睦容

二〇一五年的冬天，臺南市北區公園路一處日式宿舍地板下方，出現了一顆身分未明的石像頭顱。石像上有著深邃面孔、蓄鬍，頭戴著直筒狀的帽子，以橫倒的姿態躺在地面。這尊石像原本應有下半身，但出於不明原因，成爲了僅存頭部的斷頭石像，雙眼圓睜地隻身倒在塵土之中。

這顆頭像到底是誰，又是如何來到這裡的呢？它的發現地點位於一九三〇年代興築的日本步兵官舍，又爲頭像的身世之謎增添了許多想像空間——總不可能是它自己脫離了身體，蹦蹦跳跳地鑽入木地板下方躲起來吧？

搭上「石像熱」的臺南

這尊石像到底是誰？爲了釐清他的眞實身分，各領域專家從不同面向切入——文史專家推測他可能是老一輩口中的「石像」（tsioh-siōng），也就是站在今日臺灣文學館前方圓環，在報紙等文獻上有立像紀錄的兒玉源太郎。文化修護專家、考古學家再從物件特徵找線索，如正面的帽章，爲具有魚尾狀光芒的旭日造型，兩側的帽帶釦（固定帽帶的扣子）隱約可見花紋，符合二十世紀前半日本高階軍官的軍帽特徵；並且雕像的五官比例，也與兒玉的老照片比例相符。重重考證下，證實頭像爲日治時期第四任總督兒玉源太郎（一八五二—一九〇六）無誤。

說起兒玉源太郎，大家應該不會感到陌生，他的名字常與當時的民政長官後藤新平（一八五七—一九二九）一起出現。在所謂的「兒玉、後藤」時期，現代化的基礎建設陸續出現：從南北分別鋪設縱貫鐵路、大城市有了自來水道、日人與臺人資本家所創設的新式製糖工廠……這些不只是爲了建設臺灣，也有著加速殖民地財政自主、爲母國創造財富的意義，並提供了本地紳商參與的機會。

這樣的趨勢臺人自然看在眼底，也準備適時回應。

日本領臺隔年，總督府大規模頒布「紳章」給具有科舉功名、資產、學問、名望的臺人以換取支持；一九〇〇年（明治三十三年），部分的「有力者」也用捐募的方式爲統治官員「立像」，具象化他們對於殖民母國的效忠，以爭取更多晉升機會、商業利益，如辜顯榮因爲善於經營總督、民政長官方面的人脈，而獲得了鹽專賣等特權；在臺灣第一座近代紀念雕像——立於臺北圓山公園的首任民政長官「水野遵」（一八五〇—一九〇〇）像，設立過程中，便可以看到辜顯榮大力主導的身影。或許部分參與者是受時勢所趨而加入此一行列，但無論爲何，往後持續十多年的立像熱潮就此展開，臺南的紳商自然也搭上了這班列車。

一九〇三年（明治三十六年），水野像落成同年，適逢時任總督兒玉就任五週年紀念，辜顯榮等人便再接再厲地以「祝壽」之名，提出兒玉總督的立像計畫，臺北、臺中、臺南、高雄各地都有在地紳商響應。

在獲得兒玉本人的同意後，發起者將兒玉前、後、左、右各面的六張照片，交給義大利工匠作爲製作參考，下單隔年後卽完成人像，先運至香港再送至臺灣。不

圖 1、1931 年出版的《臺灣紹介最新寫真集》收錄有臺灣各地的人物紀念像。
（圖片來源：國立臺灣大學圖書館藏）

過因爲日俄戰爭的關係，造成壽像建設工程延宕，石像一直被寄存在臺北的總督官邸，直到一九〇六年（明治三十九年）七月兒玉因腦溢血猝逝後，才陸陸續續被立了起來，但石像也從生者「壽像」變成了死者「遺像」。

臺南對於石像的豎立位置，在考量了用地，以及當時尚在規劃中的市區改正計畫後，選擇了相對空曠的「三界壇」附近。於是，一身戎裝、頭戴軍帽、單手插腰的兒玉總督，就這樣巍巍地站上了相加起來超過四尺三寸（相當於一百三十公分）高的花崗岩石柱與基壇上。與其他地方的兒玉石像相同，從老照片上我們可以看到兒玉高站於大正公園內，周邊則以柵欄圍起，並立有「禁止跨越階梯」的木牌。人們必須仰望，才能瞧清楚石像面貌，這是執政者所安排的目光朝向。

圖 2、立於大正公園（今湯德章紀念公園）內的兒玉總督像。
（圖片來源：國家圖書館提供）

由清帝國走入另一個統治政權，這個由日本人帶來、前所未見的「人像」，便這麼出現在臺南人眼前。或許正因爲它是臺南第一座紀念雕像，兒玉人像的形象就這樣深深地烙印在人們的腦海裡，並給了它專屬的暱稱「石像」（tsioh-siōng），至今仍有老一輩以此作爲地名，指稱設立人像所在大正公園附近的區域。

立於市中心的總督

兒玉站上公園五年後，規劃了十一年之久的市區改正終於開始進行，城市面貌也正式迎來了巨大變化。

在日本人到來以前，府城的城市空間是以「五條港—西城牆」爲中心，由西向東建立移動軸線，城牆圍起的城內，則是以幾條主要大街、兩側櫛比鱗次的房舍，和曲曲折折的窄巷共同構成。

當全島都由日本統治後，城市已不再需要城牆作爲保衛家園的手段，反之爲了要促進城市發展，就得拆除城牆、建立流暢的交通動線。明治維新後，日本留學生帶回了西方的都市計畫概念並推行於殖民地，在都市計畫委員會的規劃下，一套揣摩自歐陸都市的設計便被移植到府城，這是當代人對臺南「有著無數圓環」的印象之始。

這些彷彿迷宮、繞也繞不完的圓環，背後是一套日人擘劃現代化都市的邏輯。

一九一一年（明治四十四年）所開始進行的市區改正，目的就是要打破府城原有的「參差狀」舊街道紋理，在這些猶如牛五花油脂般的細線上，疊上幾何狀的直線與圓形，形成有利於人車運輸效率的矩形街廓，與縮短對角線距離的放射狀圓環。在這座嶄新的都市中，甫落成的火車站與壽像所在的「大正公園」是交通樞紐，以輻射狀的街道系統與其他城市空間串連，從地圖上來看，四座圓環如同衛星般環繞在大正公園周圍，凸顯出它的核心地位。

隨著城市人口、商業的發展，一九二九年（昭和四年）頒布的調整版市區改正裡，可以看到大正公園的核心地位被進一步強化。此時，它已是鐵路、水路、公路的匯聚點，銜接了北側的火車站、西側新開鑿的運河、南側的縱貫公路。而與大正公園接壤的，則是有著「銀座」美

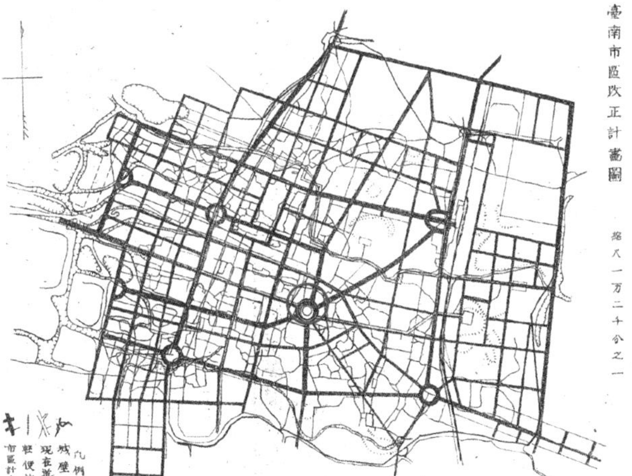

圖 3、臺南市區改正計畫圖（1911），圈起處為兒玉壽像所在圓環，位於其他四座圓環的中心。
（圖片來源：《臺南廳報》第 689 號，1911 年，國立臺灣圖書館）

圖4、《臺灣公論》1卷11號（1936年11月）封面繪圖「文化の極致臺南銀座街」，在此一構圖中，兒玉與所在的大正公園被擺置在畫面中心，朝向熱鬧的銀座街。
（圖片來源：國立臺灣圖書館）

名、繁榮的末廣町通（今中正路），以及擁有林蔭大道、作爲城市門面的大正町通（今中山路），一片繁華之景。

當時的兒玉人像可以說是站在整個臺南市的核心了。在具有官方政策宣揚性質的《臺灣公論》雜誌封面上可以看到，繪圖者選擇將兒玉擺置在畫面正中心，由石像延伸出去，望向西側末廣町通的繁盛街景，沿街上酒樓、映畫館、林百貨、旅館、商店林立，路的盡頭正是貿易往來的安平運河，說明了此地作爲商業與交通核心的都市計畫定位。而兒玉身後倚著的，是全臺南州心臟的州廳廳舍，象徵日本帝國的統治權力。

斷頭總督的現身之謎

從一九〇〇年代初被立像，一直到一九四五年政權再度轉移，兒玉在雨豆樹下站立了三十多年的光陰。隨著國民政府遷臺，經過戰後初期的動盪、「去日本化」的浪潮，究竟兒玉是何時從花崗石臺座上消失，已經沒有人說得清楚。

但有一件事是肯定的，那便是圓環公園名稱的演變——從取自日本天皇年號的「大正圓環」，到象徵三民主義之一的「民生綠園」，如今這裡又改稱爲「湯德章紀念公園」，以紀念二二八事件時於此地遭到槍決的人權律師。這個位於臺南市中心的圓環，確確實實地見證了不同統治者的到來，以及時代價值的轉移。

原本故事就在此告一段落。直到二〇一五年，北區公園路三二一巷藝術聚落的駐村藝術家，爲了防止貓咪鑽入房舍地板下方抬高的空間，而鑽進了日式宿舍構造的「通風口」確認，並且在黑漆漆又充滿灰塵的暗室中，與一百多年前的總督相遇。

圖 5、湯德章紀念公園圓環，中央的石像位置現已更換成名為《迎風》（雕塑者：莊靜雯，2019）的銅雕作品。
（圖片來源：邱睦容）

圖 6、圓環內一隅的湯德章律師塑像（雕塑者：邱火松，1998）。
（圖片來源：邱睦容）

圖 7、北區公園路三二一巷藝術聚落。
（圖片來源：蘇峯楠）

橫臥在地板的兒玉頭像周圍散落著磚塊，文史專家們反覆推敲頭像出現的原因，一種說法是因空襲而斷裂，另一種則是遭人蓄意砍斷；但無論是哪一種原因，總是有人把他運到了這裡。若回到頭像的出土之處來思考：此處前身爲「日軍步兵第二聯隊」官舍群，戰後「臺灣省立臺南工業專科學校」（今成功大學）向軍方借用，權充爲教師宿舍。在一九四七年二二八事件爆發前，校方曾經留用了一批日籍教師，以維持教學上的運作，那麼，會不會是這些曾經在此短居的日籍教師，在戰後仇日的緊張情緒中，意外發現了被遺落在地的總督頭像，試圖將十多公斤重的石像頭部，藏進自家宿舍的地板下方？這一切有待後續史料發現才能釐清了。

從一九〇七年站上大正圓環，到二〇一五年在日式宿舍地板下方被發現，兒玉眼中望出去的臺南光景不斷更迭，而影響著他的視角的，不只是統治者的變化，現在在臺南市立博物館展間，隔著玻璃櫥窗與民眾對視的兒玉，眼裡收錄的，也是城市的人們如何看待人像紀念物的歷史。

延伸閱讀

蘇峯楠，〈雕像〉，《行走的臺南史》（臺北：玉山社，二〇二〇）。

17 臺灣總督兒玉源太郎人像頭部殘件

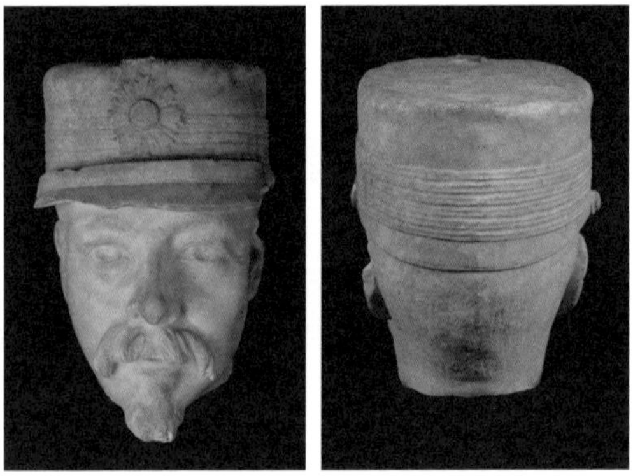

（典藏單位為臺南市立博物館）

年代＼西元 1907 年

製作者＼義大利工匠

典藏號＼20160010001

典藏地

臺南市立博物館

文物圖解

1. 軍帽：魚尾狀光芒的旭日造型「帽章」與帶有花紋的圓形帽帶釦，為 20 世紀初日本高階軍官的軍帽造型。
2. 斷面：脖子處的切面平整，推測是人為切鋸所致。
3. 鬍子：蓄山羊鬍，為日治時期男性常見的蓄鬍形式。

余清芳外二十二名判決書

撰稿：邱睦容

圖 1、臺南地方法院，現為司法博物館。
（圖片來源：臺南市文化資產管理處）

府前路上，與臺南市美術館隔著一條馬路對望的，是建於一九一四年（大正三年）的臺南地方法院，現在的司法博物館。紅磚建築搭配馬薩式的斜屋頂和牛眼窗，由八根石柱氣派撐起的雙門廊，是熱門的婚紗拍攝地點，也是觀光客打卡拍照之處。

異國的建築風格，是人們來到這裡的理由，然而百年前的建築空間，乘載著另一群人的不同記憶。法院落成隔年，一列隊伍浩浩蕩蕩地從這棟新建築前面經過，那是兩排頭上罩著竹籠的囚犯，被兩排身穿制服的警察緊緊包夾，他們由監獄出發來到這裡，犯人襤褸的衣衫和身後嶄新的建築形成了鮮明對比。

生活與反抗

列隊的囚犯，一行共數十人，準備入內接受審理，是法院建立以來最大規模的一次。若是有看報習慣的府城人，在街上看到這樣的陣仗，應該立刻就能明白發生了什麼事。因爲這些囚犯，正是報紙在這過去幾個月來，連續以「匪徒陰謀事件」、「匪徒襲擊南庄」、「匪徒事件公判」、「匪徒死刑執行」等標題，所報導的「匪徒」。

這些匪徒，有的是府城住民，也有來自偏遠山區的竹頭崎庄、南庄、噍吧哖庄、內庄仔庄（今南化區、玉井區、左鎮區）的人；其中名聲最響亮的是「匪首」米商余清芳，與竄逃於山區近一年才被捕的「殘匪」江定，還有府城人所熟知的仕紳王藍石、曾任臺南廳參事的蘇有志、前大潭（歸仁）區長鄭利記，以及更多身分爲農民、工人的一般大衆。

究竟是什麼原因，使得這些來自各地、不同階層的人聚集在一起呢？在一九一五年前後，無論是日本政府以「林野調查」的名義，將玉井、楠西、新化三個地區百分之九十九的土地收歸國有，使得在森林中捕鹿、採集薪炭與藥材、種植蔬果的人們斷了生計；或是因爲強烈颱風的侵襲與甘蔗病蟲害，使得農民收入銳減，更加負擔不起暴漲的糧價；以及在進入日治後的二十年間，累積的那些看得見卻說不出口的欺壓與歧視。

這些不滿最終在府城亭仔腳街（今青年路）一間名為「西來庵」的王爺廟中集結。

西來庵是信徒祈求逐瘟的信仰中心，奉祀主神「五福大帝」，廟後附設的鸞堂則提供「問事」功能，負責鸞堂事務的余清芳等人，利用每月固定的開壇扶乩儀式，以籌募祭典的經費爲名義，醞釀著起事，許多人出於信仰而追隨他們，戰場則是在數十公里外，主事者熟悉的玉井、南化、甲仙山區一帶。

以刀、械、棍、棒和搶劫來的槍械彈藥爲武器的民軍，對上有著源源不絕兵力和武器的日本政府，結果自然是以失敗告終。最後換來的是一千多人在交戰炮火與日軍屠庄中死亡，以及一千四百多人在這棟新式的法院建築裡被判刑的「西來庵事件」。

在余清芳被捕之日，報紙以「匪徒の梁山泊と成つた西來庵」（成爲了匪徒之梁山泊的西來庵）的標題，報導了事變始末。將西來庵當作梁山泊的比喻，似乎也暗示了起事者生活處境的不得已。

典藏於文學館的判決書

隨著時間過去，人事凋零，在很多很多年以後，這場牽涉數百條人命的世紀審判，就這樣被塵封在當年的判決書中，並且隨著政權轉移，與其他日治時期的法院文件，成為眾多歷史檔案的一部分。

直到二〇〇九年，一本封面寫著「余清芳外二十二名判決書」的文件，由文史研究者謝碧連（一九二二—二〇二〇）律師贈予國立臺灣文學館，才打破了過往只有國家版本的記憶。

這份判決書，是由因速審抗日者而成立的「臺灣總督府臨時法院」做成。依照法院慣例，在判決完成後，會將最終的裁判結果做成判決原本，並將謄本附於卷宗內。這些卷宗部分留存到戰後，部分佚失，而西來庵事件相關的法院文件，目前僅剩下謄本存世，由國史館臺灣文獻館典藏。[5]儘管謝律師所捐的這份文件同屬謄本，但不同的是，文件的原主人並非國家機構，而是西來庵事件的當事者後代[6]，這可以說是一份來自民間的見證。

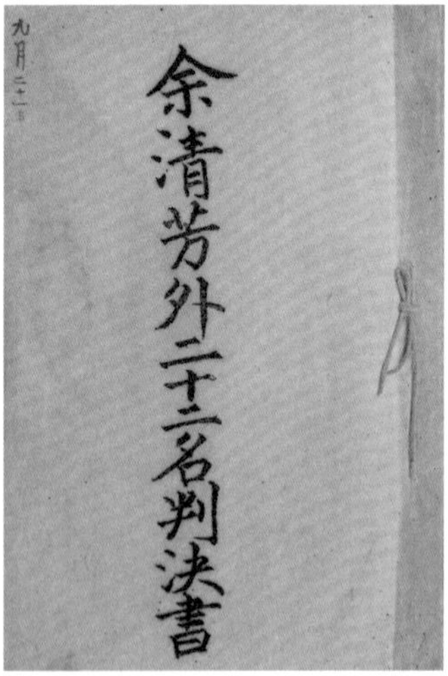

圖 2、判決書封面。
（圖片來源：國立臺灣文學館）

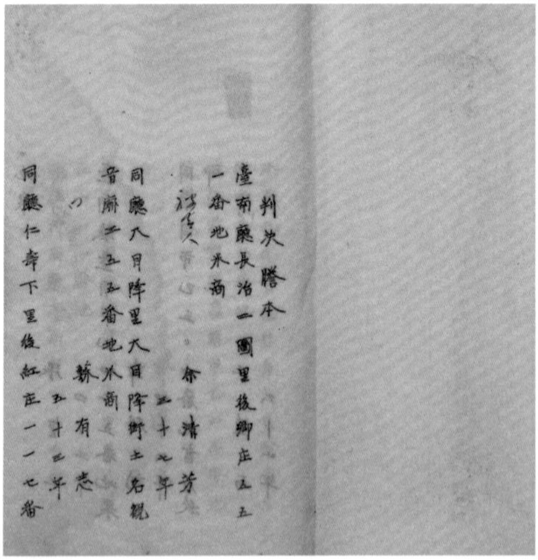

圖 3、寫著西來庵事件主事者「被告人余清芳」的判決謄本。
（圖片來源：國立臺灣文學館）

兩份判決謄本，爲了避免被抽換或更改，皆蓋了篆體字的騎縫章，一份使用的是「臺灣總督府臨時法院書記印」，另一份則是「山下」（書記山下忠平之印）；裝幀方式爲摺頁穿線，文學館所蒐藏的謄本，在頁序上有裝訂錯誤的情形，不確定是否曾被拆開重裝過。

但複製自判決原本的兩份謄本內容相同，硬筆字的字跡，寫下了每一位被告的姓名、歲數、住所等，且都有著「余清芳ノ勧誘ニヨリ本件暴動計畫ニ贊同入黨」（在余清芳的邀請下同意入黨參與本暴動計畫）的字眼，是國家視角所看見的「事實與理由」。文件最後寫的是判決結果：死刑、有期懲役九年、十二年、十五年——寥寥數字落在被告與家屬身上，卻是一輩子的重量。

這份判決書還夾了一張便條，上面寫著「大正四年（民國四年）一九一五年九月二十一日臺灣總督府臨時法院（設臺南庁臺南）對余清芳等案二十二名之判決書（噍吧哖事件判決書）」。便條無署名，但從上面印的「臺灣省臺南市選舉委員會」字樣，可以知道這是在戰後寫下，再比對謝律師留下的日記，則可確認爲其字跡。

註5｜關於西來庵事件的相關判決書，目前皆僅有判決謄本存世，除了「余清芳外二十二名判決書」外，另有「羅俊外七十一名判決書」、「李火見外五十三名判決書」。

註6｜本說法爲謝律師後代提供，感謝詹伯望先生協助越洋詢問。

便條說明了文件的重要性，但隨著捐贈者謝律師的仙逝，我們已無法知道究竟是哪一位家屬後代、在什麼時間點，又是抱持著什麼樣的心情把這份判決書交託出來；或許是一份不願記憶被時間化爲灰燼的心意吧，讓他們與研究者合力收藏了判決書近百年。

被記憶的地景

在判決書之外，國家與民間的記憶角力，同樣能在地景上看見。

隨著二戰結束，日本政權結束與中國國民黨政府來到，當年反抗殖民政府的眾「匪徒」，被當權史觀重新定調爲「義士」，一座座題字「甲仙埔抗日志士」、「抗日烈士余清芳」、「噍吧哖抗日英雄」的紀念碑，陸續豎立在交戰的古戰場、事發當地的公墓與公園中。

這些由各縣府、議員等設立的紀念碑，碑文多半以「中華兒女」、「我省同胞」等字眼形容起事群眾等人，而他們所進行的，則是基於「民族大義」、「民族抗暴」的行動，濃濃的

圖 4、位於甲仙公園的「甲仙埔抗日志士紀念碑」。
（圖片來源：陳信安）

圖 6、神像後方為三位主事者的裱框照。
（圖片來源：邱睦容）

圖 5、玉井忠烈廟。
（圖片來源：邱睦容）

民族史觀凌駕於當年起義的背景。

相較於由公家機關設立的紀念碑，民間也有自己記憶的方式。

在雙方交戰最激烈的玉井地區，玉井國小的西北側，留有一座「忠烈廟」，據說是因爲常看見附近的鬼魂遊蕩，而由鄉民自發創建。余清芳、羅俊、江定三位主事者，成爲余、羅、江三千歲，神像背後則放了三人裱框的相片，兩旁則有男堂與女室，讓因此事件而不幸遇難的人，能同樣接受香火。

除了西部山區主戰場，在府城裡，事件引爆地西來庵自然不保，部分構件經由管理人被捐贈出去，門前抱鼓石、大殿藻井、後殿神龕落腳在神興宮；佛案、供桌、香爐、燭臺給了東嶽殿，其餘則在後續遭到拆除。直到戰後日本人離開，信徒才推動重建西來庵，經過歷次搬遷，廟址最終落在北區的大興街，並商請新港藝師謝東哲在正殿牆面施作一堵「西來庵事件」大型交趾陶，以茲紀念。

畫面裡，西來庵舊廟被復原在中央，交趾陶藝師也把唯一保留至今的石柱對聯「鑒察是非陰陽皆一理 稽查善惡賞罰無二心」置入。廟內是羅俊、蘇有志、江定三人在商議事情，廟外則是赤著腳、手持著刀棍和火藥的起義群眾，另一側則是在噍吧哖支廳前，群衆與拿著機槍的日警對峙的畫面。

除了這兩間廟之外，還有無數散落在玉井、楠西、南化、左鎮、新化、甲仙、杉林等區，僅鄉人耆老記得，那些因著日方屠殺與交戰，而被稱爲殺人埔、萬人塚、萬人堆、宰人堀的地點，以及許多被鄉民以萬善公、萬姓公媽、萬姓爺祠、忠烈祠名義興建，祀奉無主冤魂的小型祠廟。

百年前的一場起義，民間以不輟的香火記憶。

圖 7、民生路神興宮前的抱鼓石，為西來庵舊物。
（圖片來源：邱睦容）

圖 8、「西來庵事件」大型交趾陶。
（圖片來源：邱睦容）

延綿的生活場景

當人的記憶隨著時間消散，只剩當前地景中折射出後人所欲記住的模樣，被典藏於文學館的謄本，則帶領我們回到百年前的時空。判決書上抄錄的每一字「神敕」、「神符」、「敕封大元帥」等，是臺灣人心中「法術」與日本人帶來制度「法律」的交會，也提醒了我們，那些馬路上遭遇的廟會、被高樓大廈包夾的廟宇、廟內仍可看見的儀式，不只是屬於部分人的信仰活動，更曾是一代人生活與生存的方式。

延伸閱讀

蕭景文撰文、邱若龍繪圖，《噍吧哖．一九一五》（臺南：臺南市政府文化局，二〇一五）。

18 余清芳外二十二名判決書

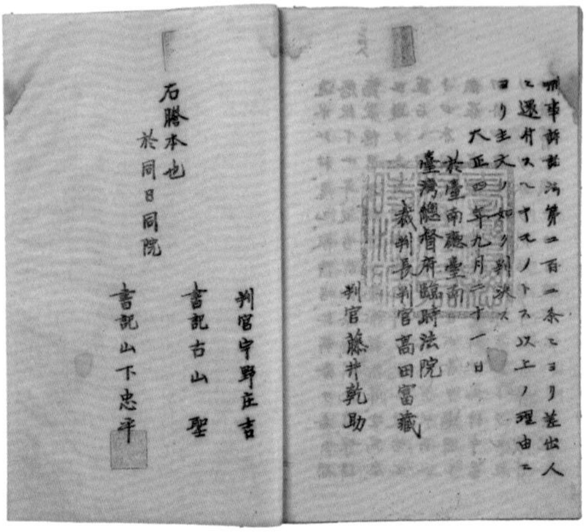

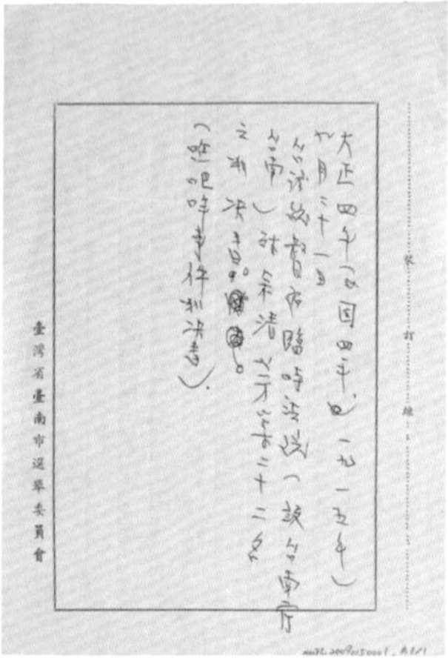

年代 \ 西元 1915 年（大正 4 年）

製作者 \ 臺灣總督府臨時法院

典藏號 \ NMTL20090150001

（圖片來源：國立臺灣文學館）

典藏地
國立臺灣文學館

文物圖解

1. 審理單位：「臺灣總督府臨時法院」是在一般司法制度外，為速審抗日者[7]，而在事發當地設立之單位。
2. 判決謄本：本件為抄錄自判決原本的「謄本」，上有「臺灣總督府臨時法院」與「謄本」字樣，通常會與原本一同附在卷內，體現法院的最終裁判結果。
3. 騎縫章：為了保持文件完整性，以「臺灣總督府臨時法院書記印」作為謄本的騎縫章。
4. 附件：附有一張便條，註明本件文物的日期與始末，比對字跡，為捐贈者謝碧連律師所寫。

現代生活的良伴

撰稿：王麗菡

來自臺南水道的馬桶

撿到青花瓷馬桶的吳子中（一九三四—），可以說是臺南水道的活字典，家就住臺南水道旁，是道道地地的山上人，幼時曾住在水道的員工宿舍，臺南水道就是他童年的遊樂場。後來在水道上班的父親因病過世，只能被迫搬離水道，即便是這樣，長大後開始賺錢的吳子中，仍抓住了各種能參與水道土木修繕工程的機會，時常出入臺南水道。或許情感使然，讓他連廢棄的馬桶都想搬回家收著，水道的一切，他總有著家一般的情感。

目前快濾桶室西側的空間，是當年辦公人員使

圖 1、因應二戰後人口增加，臺灣自來水公司另於 1952 年增建「快濾池室」，疏通供水需求。（圖片來源：游淳詔）

註7｜當時民政長官後藤新平爲完全消滅臺灣的抗日者而頒布《匪徒刑罰令》，此律令共有七條，並定調「不論何種目的，以暴行或脅迫爲達其目的而結合群眾者爲匪徒罪」。

用的小廁所，也就是這座馬桶原本放置的位置。這座馬桶從原臺南水道辦公室的廁所位置被工人搬出來，起初沒有任何人對這座馬桶抱持任何興趣，工事結束後，恐怕也是隨著垃圾一起被清運，而吳子中就這麼剛好瞧見了它，扭轉了這座馬桶的未來命運。

除了留作紀念，讓吳子中起心動念想撿起這座水道馬桶，最主要的原因是它有漂亮的花紋，傳統的鄉下頂多用紅磚疊作成馬桶，這種帶花草的陶瓷馬桶幾乎沒見過，覺得丟棄實在可惜，所以撿回家放，還沒捐給博物館之前，就一直放在家裡附近的籬笆下，倒也沒去特別理會。二十年後，他聽到臺南水道即將成立博物館，心想這個馬桶應該是有意義的東西，於是決定要把它捐回去。

臺南水道在哪

回想一下，老一輩的人都怎麼稱呼自來水？「水道水（tsuí-tō-tsuí）」，從字面上來看，已經告訴我們自來水就是從水道來的水。

圖 2、對於臺南水道的種種，總能如數家珍的吳子中先生。
（圖片來源：游淳詔）

水道是什麼？水道大至是一個供水設施，小至是你家的沖水馬桶管線，都可以是代表水道的存在。

吳新榮（一九〇七—一九六七）曾在《震瀛採訪錄》一九五三年十一月二十一日寫著：「山上鄉也是本縣的一處小鄉份，雖稱爲山上，其實並沒有山，只有臺南市的自來水廠的水源地，但是此地卻沒有自來水喝，是個奇怪的現象。」這段話凸顯了水的取之不易與當時的用水政策。

山上區曾經是臺南的主要水源地，日本時代所建設完成的臺南水道坐落於此，可以將處理過後的乾淨水源送往市區。處理水源的過程有層層嚴格的步驟不能馬虎，城市的輪廓逐漸改變與擴張，盛裝自來水的管線系統猶如通往現代化城市的通道，讓人從此享有取水的便利，改善生活的品質與進步的衛生

圖 3、臺南水道淨水池。
（圖片來源：王麗菡）

圖 4、被水道人暱稱「14 卡桶」的快濾桶室，扮演去除曾文溪水雜質的重要角色。
（圖片來源：山上花園水道博物館）

環境。臺南水道淨水池旁邊設有宿舍，一位蒙姓水道警察長年駐守在此，甚至娶妻生子也仍住在這邊，直到水道結束營運才搬離開。

每個人都該使用

傳統臺灣社會，並非家家戶戶都有乾淨的廁所可以上，即使有也十分簡陋，多半是直接在露天的戶外解決，更別說有馬桶這種物件。相較之下，日本人向來以維持衛生為圭臬，當時日本總督府剛接管臺灣，對於臺灣人民的各種衛生壞習慣感到十分頭痛，這也是造成來臺的日本軍隊士兵，登陸不久之後便死於各種傳染病的原因之一。

於是日本政府在一九三三年頒布了《臺灣家屋建築規則》，可以發現這個施行細則引進家屋衛生的觀念，裡頭明文規定：「糞尿器須使用磚、陶器類之材料建築」，對於廁所的位置也有說明：「廁所、家畜牲舍應設於不使臭氣影響室內或是他人家屋之處所。」為了解決傳染病問題，日本政府開始禁止臺灣人民隨地大小便，並宣導興建家屋廁所、改善公共廁所等，由於並非強力執行，所以效果不彰。

據吳子中先生的回憶，當時水道平常就有自來水警在管制，普通人是不能隨意靠近，水道雖然占地不小，卻鮮少有外人進出。但也有例外，水道會開放讓學生來遠足，不管是日本學生，還是臺灣學生都有來過，目的是為了宣導水道建設與衛生用水。當時臺南水道是屬公部門的單位，當然廁所一律是裝設馬桶裝置，作爲衛生宣導的表率。這也就不難解釋，爲何會在臺南水道找到有著當時最摩登造型，繪有青花波紋做裝飾的陶瓷馬桶了！

如陶瓷馬桶這類衛生設備，初期大多產自日本境內，到了後期臺灣才出現工廠量產，也因此裝設馬桶要價不菲，例如水道的這座青花瓷馬桶上的花紋，更凸顯它的價值。這類馬桶的做法是將鈷藍繪於白色瓷坯上做成裝飾，比一般的陶製馬桶看起來更加好看，花草紋、水波紋裝飾是常見的款式，但仍屬簡單的樣式，在日本當地則有更加繁複畫法的青花瓷馬桶可見。顯然經濟能力中下的大多數臺灣人幾乎沒有能力安裝，也解釋了爲何日本政府推行興建廁所的效果不彰。

與今日蹲式馬桶相比，這座造型與現代相似的青花瓷馬桶，仍有顯而易見的不同。因爲當時的廁所並沒有自動沖水設備，於是在馬桶器底做了鏤空設計，並裝設在已挖好的糞管之上，方便排泄物直接掉落糞線（坑）。設計雖然較爲簡陋，但比起當時臺灣農家稍不留意便會失足跌入糞水的茅坑，已經相對進步且衛生。

日本人不斷對馬桶進行改良，後來更是受到西方的沖水馬桶的影響，開始設計出具有淨化裝置的改良式馬桶，讓人如廁後，可以使用自來水沖走這些穢物。相較現今的蹲式馬桶，它的器底已經沒有鏤空，留設沖水孔面積逐漸縮減到馬桶的前端，前端有弧形遮罩。

現今馬桶前端的遮罩原先是設計讓穿著和服的女性上廁所時，用來擱置和服的後擺，避免沾染不潔的功能。換句話說，以前的蹲式馬桶使用方向，與現今剛好相反，後來因無此需求，便漸漸演化成現今的馬桶樣子。如今這種蹲式馬桶幾乎只在華人社會可以看見，可以稱是日本人發明的和式馬桶。

生命之泉，且用且珍惜

吳子中先生分享當時住在水道的趣聞，日本人爲了推行良好的衛生習慣，甚至在水道裡頭蓋了兩座浴池，讓在臺南水道上班的人可以泡澡，一間給日本員工，一間給臺灣員工，雇用專人燒泡澡水，當時水道內的樹木枯枝嚴禁任意搬運，爲的就是當作燒洗澡水的柴薪。礙於當時臺日民情不同，泡湯需要全身脫光光，所以會去的臺灣人不多。但日本人已經很習慣，完全不會有困擾，大家要去泡澡之前，要先用肥皂水把身體洗乾淨，才會下去泡，也才能維持水的乾淨。

吳子中先生很感慨的說，因爲自來水的關係，降低了疾病的發生率；除了水質改善，還有藥品的發明，配合服用抗生素，加上日本政府當時的衛生教育政策，讓臺灣人的衛生習慣改善漸漸變好。

在自來水尚未普及前，臺灣人的生活用水大多需要自行到水邊或是井邊挑取，水並不會自動輸送到家裡，不同於現今，打開水龍頭便有衛生水源的居家日常，這是屬於上個世代的生活記憶。後代的我們大概也很難想像，在一九五〇年代西南沿海地區，「烏腳病」怪象盛行，有居民因長期誤飲不潔淨的地下水而要付出截肢的痛苦代價。

到了二十一世紀，潔淨水資源的取得已然是聯合國永續發展目標（SDGs）之一，一九二二年臺南水道的出現，代表那個時代對於乾淨水源與保持環境衛生的重視。這座誕生於臺南水道的馬桶，雖然樣式過時無法再被使用，卻曾是輸送臺灣公共衛生進步的新活水，同時也是世界各國走向城市文明的最佳見證。

延伸閱讀

1 盧泰康，〈歷史文化與常民生活的縮影：綜論高雄市立歷史博物館典藏陶瓷〉，《高雄文獻》第四卷第三期（二〇一四），頁六十五—九十九。

2 屎尿・下水研究會編、陳嫺若譯，《便所：從排泄空間看日本文化與歷史》（臺北：健行文化，二〇一八）。

3 吳明修，《廁門中的修行：吳明修建築師公廁論文集》（臺北：臺灣衛浴文化協會，二〇一九）。

4 董宜秋，《帝國與便所：日治時期臺灣便所興建及污物處理》（臺北：臺灣書房，二〇一二）。

19 臺南水道馬桶（蹲式便器）

（圖片來源：山上花園水道博物館）

年代＼西元 1920 年

發現者＼吳子中

典藏地

臺南市立博物館

文物圖解

1. 這座蹲式便器長 43.5 公分，寬 24 公分，最高處 26 公分，器形呈長方狀，若在當代眼光來看，這座底部全面簍空的馬桶，方便的時候還是需要一點技術才行，這窟窿也不算小！
2. 青花瓷馬桶也可稱之「染付」。日本人把鈷藍色繪稱「染」，紋飾為「付」；「染付」意指青花紋飾，或代稱青花瓷器。整座馬桶有著青花紋路布滿其中，但並非高級奢侈品的象徵，青花瓷馬桶在當時已屬量產商品。
3. 日本時代製造的臺南水道馬桶，前端高度幾乎是尾端的兩倍高，呈現似椅背的造型，與目前蹲式馬桶前端設計成一個圓弧遮罩有很大的不同，這反映了明治時期穿衣習慣的改變。

終於不用靠天

撰稿：王麗菡

這座銅像最吸引人的特點，就是讓人疑惑怎麼會有人把銅像做成這樣的姿勢？一個出現在歷史課本上的人名。一般而言，銅像大抵是以站像居多，縱使坐姿也是正襟危坐，這般不合規範的隨意席地姿態，算是眞罕見。

這是設計嘉南大圳的八田與一（一八八六—一九四二）銅像。大圳完工後，八田勉強答應眾人替他立像，他同意的最大原因，是希望藉由銅像紀念一起完成嘉南大圳工事的每位同事。換言之，立像僅是代表而已，「交友會」精神能長存在水庫，才是八田所願。銅像雕塑的是他平日工作的樣子，無論是休息還是工作，像這樣坐在地上托著頭眺著遠方，與其說是姿勢，倒不如說是一個指標，順著銅像的眼神視線望去，正是烏山頭水庫的位置。

圖 1、站在堰堤上看烏山頭水庫。（大約等同銅像的視角）
（圖片來源：王麗菡）

大圳一完工，由全體工作人員所組成的「交友會」，在擔任會長的八田與一的指示下，馬上在園內建起殉工碑，紀念在工程期間因故過世的人員，不分臺日，而是依照死亡時間來刻上姓名，以慰家屬。

銅像也代表著當時員工與在地農民對於「八田所長」的感念。銅像係由同鄉的金澤雕刻家都賀田勇馬（一八九一－一九八一）來進行雕塑，在日本製作完成後，於一九三一年七月八日運送到臺灣。

我不在工事現場，就是在路上

一九二〇年剛從東京帝國大學畢業的八田與一，馬上來到臺灣工作擔任總督府土木技師，當時最急需解決的問題，就是受到內地米騷動影響的糧食問題。如何讓嘉南平原這片「看天吃飯」的廣大荒原成爲沃田，灌溉水源的水利工程成爲八田技師的首要任務。在此之前，島內幾個重要的水利設施，像是臺北水道、臺南水道以及桃園大圳，八田都曾經參與其中，這與

圖 2、殉工碑。
（圖片來源：王麗菡）

許是長官交代他前來調查嘉南平原的原因。

爲了嘉南大圳的灌溉事業，八田寫了一份詳實的工程計畫書「官佃溪埤圳工事說明書」，裡頭說明了他如何利用科學調查與數據資料，掌握地形、雨量等自然條件，且善用環境特點，就地取材來減少興建的經費。花了十年的時間，八田率領水圳工事團隊克服大環境與人爲的種種困難，終於在一九三〇年完成跨雲嘉南區域的水圳工事，蓋出當時號稱亞洲第一大壩的嘉南大圳。

圖 3、官佃溪埤圳工事說明書手稿，於 2020 年在農田水利署雲林管理處被發現。（圖片來源：王麗菡）

八田時常出入山區的工事現場，所以他的工作服裝扮有著綁腿，讓褲子在戶外從事活動時，不易被外物所妨礙，而領帶的下端也被塞在襯衫內，這些衣著習慣，勾勒出八田與一終日穿梭在工事現場，爲了方便指揮而產生的穿著特徵。

大圳會咬人

按照原先設想，一九三〇年大圳竣工後，農民理應開心迎接大圳的通水，因爲有了穩定的灌溉水源，生計就能穩定，不必再看老天爺的臉色吃飯，但事實並非如此。十五萬公頃橫跨雲嘉南區域的灌溉面積實在不算小，縱使有嘉南大圳的水利系統，仍得配上三年輪作的配水制度，才能順利運作。在水權私有化到公共化的過渡期，前人所受到的歷史陣痛確實存在，受到水量不足影響而推行的輪作制度，讓農民的用水權受到影響，這是八田與一無法避免的必然結果。

當時卽使有水源還是得輪流給水，水利組合甚至規定農民，得種植對應作物來配合給水，遇到雜糧則一律不給水。加上總督府爲減輕負擔，將農民視爲利害關係人，納入水庫經建經費分攤的對象，這讓不少農民的水租提高，卻又面臨無水可灌溉的困境，甚至得配合大圳的輪水設計被迫遷，大大引起了農民的不滿；當時的《臺灣新民報》中更出現「咬人大圳」、「水害組合」的諷刺字眼，坐實了殖民剝削的說法。

八田與一身爲日本帝國的技術官僚，因著他懷抱著土木志業的夢想，推動了臺灣現代化的進步。這個百年前的水利工程，集結當時最先進的土木技術、設備器具與大量的人力投入，使用半水成式築壩法，爲節省工時而到國外添購機具等等，讓臺灣在當時的土木技術走在世界前端。從嘉南大圳的百年發展來看，這座水利設施的建設，提供臺灣後續農業發展非常深遠的基石，無庸置疑。

搶救祖師爺

一九四四年，八田的銅像從烏山頭水庫消失了。

太平洋戰爭爆發，爲了武器增產之需，一九四二年日本政府開始根據《國家總動員法》，大量進行金屬回收。甚至連設置在公園、學校、機關裡的銅像，都被要求供出，以鼓勵或半強迫的方式，希望民眾自動捐出，縱使是建設嘉南大圳的大功臣，八田與一銅像也難逃被徵收的命運。

沒想到這座銅像竟奇蹟似逃過一劫，戰爭期間，銅像一直被秘密放置在番仔田車站（今隆田火車站）倉庫。直到戰後，被嘉南農田水利會員工偶然發現，對於水利會員工而言，八田與一就是祖師爺，水利會當下決定設法買回。

當時政府正實施移除日本象徵的政策，具有日本人身分的八田與一銅像不宜高調放回原處，水利會只得將銅像先安放到八田與一當年的宿舍內。一九七五年，嘉南農田水利會向政府表示，希望將銅像立回烏山頭水庫旁的原址，但遭到拒絕。一九七八年再次申請，仍是相同的結果。一直等到一九八一年，政治情勢和緩，得到當時的政府允許，銅像終於回到原處，並特別設置一個臺座，讓銅像席地而坐。

二〇一七年四月十五日，八田與一銅像的頭遭人鋸斷，頭部下落不明。而距離每年都會舉辦的追思會已剩不到一個月的時間，所幸奇美集團創辦人許文龍先生

（一九二八—二〇二三），曾在一九九二年複製了三尊八田與一的半身胸像，一尊送往日本，一尊轉贈給嘉南農田水利會（今嘉南管理處），最後一尊典藏在自己的奇美博物館內。八田銅像斷頭事件發生後，許文龍立刻將博物館內的半身銅像頭部捐出，並由藝術家王昭旺（一九六五—）協助修復，讓銅像恢復原樣，活動如期在五月八日的紀念日順利舉行。

祖師爺離開之後

大家是否曾想過，當八田離開大圳之後，是誰在負責大圳的營運？誰是下個「八田所長」？八田與一這個人名，儼然成了水利人的代名詞，原先預估只能營運五十年的水庫，居然奇蹟地存活至今，這絕對不是八田一人的功勞。我們更該認識繼承水庫營運的「八田們」，像是八田離開後，接任出張所所長職位的是當時的堰堤係長阿部貞壽（一八九〇—？），在烏山頭園區內技師宿舍群中的「阿部宅」，便是他當時的宿舍。經過大圳的洗鍊之後，後來他陸續到了高雄、臺中擔任地方土木技師，最後被總督府指派為市區計畫委員。

曾文水庫是在戰後興建完成的水庫，早在烏山頭水庫完工後，八田就有意在曾文溪上游的後大埔溪規劃新的貯水池。讓這個想法真正實施規劃的人，是受他栽培的學弟宮地末彥（一九〇六—一九九一）技師。八田委請宮地末彥擬訂「曾文溪貯

圖 4、園區工作人員上工前，到宛若水利守護神的八田與一銅像前禮敬。
（圖片來源：王麗菡）

水池調查計畫（一九三九）」，計畫在曾文溪主流大埔溪築壩，並與烏山頭水庫串聯運轉，目的在於增加灌溉水量，可惜這個計畫因爆發二戰，只能被擱置在一旁。

即使八田離開也像是沒有離開，總有一位「八田與一」接著上任，這座八田與一銅像從來不是在訴說誰的偉大，而是記述曾有一群人們不分國籍族群，同在這塊土地接續不斷努力所發生的事蹟，猶如嘉南大圳的百年傳承，需要我們更加深刻去體認。烏山頭水庫與嘉南大圳的興建過程，幾乎是臺灣百年水利史的縮影。而一再被救回的八田銅像，也以其生命史與臺灣社會不斷交互作用與對話，以另種實踐方式書寫關於這塊土地的歷史行動。

延伸閱讀

1 故事：寫給所有人的歷史，《圳流百年：嘉南大圳的過去與未來 真正改變臺灣這塊土地的現在進行式》（臺北：方寸文創，二〇二〇）。

2 陳嘉鈴，《被消失的銅像》（臺南：臺灣教會公報社，二〇二三）。

3 古川勝三，《嘉南大圳之父——八田與一傳》（臺北：前衛出版社，二〇一五）。

4 國立臺灣歷史博物館，《片格轉動的臺灣顯影：國立臺灣歷史博物館修復館藏日治時期紀錄影片成果》（專刊＋DVD，日語發音中英字幕）（臺南：國立臺灣歷史博物館，二〇〇八）。

5 蘇峯楠、石文誠、張安理、鄭勤思、陳怡宏、李文媛、莊梓忻、莊竣雅、謝燕蓉、曾婉琳、曾明德，《看得見的臺灣史・空間篇：三十幅地圖裡的真實與想像》（新北：聯經出版，二〇二二）。

6 謝金魚，賴政勳、林容萱繪，《1930・烏山頭》（臺北：方寸文創，二〇二〇）。

20 八田與一銅像

八田與一銅像。

銅像腳邊留下混雜臺日各國的錢幣。
（圖片來源：王麗菡）

年代＼西元 1931 年

製作者＼都賀田勇馬

管理者＼農業部農田水利署嘉南管理處

典藏地
烏山頭水庫風景區
（大壩堰堤邊）

文物圖解

1. 銅像起初僅設置在平地，底座是後來雕像被搬回原地才增設，象徵抬升神格化的敬意。這個位置是當時八田本人時常坐著，遠望烏山頭水庫的地方。
2. 靠近工作口袋的位置，被遊客放置不少錢幣，藉由向紀念物上投擲錢幣達到祈願目的，是日本等東亞國家典型的祈福方式。
3. 從銅像身上衣著看來，銅像腿部做出了綁腿的細節，綁在小腿上的結實布料，能防止長時間行走之後，血脈下積引起的脹痛，這是當時軍服的標準配備。

穿越昭和時代的林百貨娃娃服飾看板

撰稿：葉萱萱

和臺南一起長大的藝術家潘元石出生在一九三六年（昭和十一年），一歲半後就和家人搬進府城的他，輾轉住過孔廟、鶯遷閣、林百貨、陳世興古宅附近，直到小學二年級下學期，因為美軍轟炸臺南，學校開始停課，家族遷往潭頂和善化，後因戰事稍歇以及父親的工作轉換，才又搬至臺南地方法院宿舍。在這樣的時代背景下成長，他的兒時成為見證老臺南歷史的記憶之一。

放學途中必經的林百貨

一九三二年十二月五日，林百貨在臺南末廣町（今中正路和忠義路口）開幕，是一棟五層樓的建築，立面最頂的正上方，鑲了一個大大的「林」字。老臺南常叫他「五棧樓仔」，是當時市區內唯一有電梯的百貨商店，來這裡「坐流籠」則是一個十分新潮的體驗。潘元石比這間百貨晚四年出生，每天放學必經此地，這一帶就是他的兒時遊戲場。由於一年級只有半天課程，沿著開山路走回家的路途，經過臺南州廳後，他就會來到林百貨。

兒時的潘元石會趁著閒暇的時候，一起加入排隊搭電梯的行列：「有時候一星期到林百貨有三次之多，負責接待維持秩序看顧電梯的小姐認得我，說我只能上，下來必須走樓梯。」坐上電梯之後，直達五樓，那裡對潘元石來說最爲新奇的部分，就是撈金魚和兩隻電動馬。「我會上去五樓看看電動馬和撈金魚，到現在我還記得大木盆中金魚的樣子，這些金魚眞是美麗。」他時常看著看著，就忘了回家。

圖 1、沿著中正路往圓環走，會遇到忠義路二段，這裡是潘元石國小低年級時居住的處所，林百貨就在此二路交叉處。
（圖片來源：國立臺灣大學圖書館藏，《臺灣鐵道旅行案內》1939 年版）

圖 2、刊於 1940 年版《臺灣鐵道旅行案內》裡的林百貨宣傳廣告，打上了「臺南名所」的稱號。
（圖片來源：國立臺灣圖書館，《臺灣鐵道旅行案內》1942 年版）

而他小學時的制服也是在林百貨所買：「一九四二年（昭和十七年）剛要進國小就讀的我，母親帶著我和姊姊至林百貨，印象中百貨內人山人海，而我和姊姊排隊等待坐流籠那又驚又喜的情緒，過了七十幾年了我依然記憶猶新。」

翻找一九三二年的《臺灣日日新報》，可以看到在林百貨開幕前一日的廣告中，明確寫出了每層樓的販售品項。一樓賣洋菓子、化妝品、鞋子、食品和菸酒；二樓有洋品雜貨和童裝；三樓是更多樣的服飾或衣服原料，像是吳服和西服布料；四樓擺設文具和玩具。而今日百貨公司必備的「美食街」，在日治時期的林百貨裡也有，四樓有東洋口味的日式食堂，五樓則是洋風的洋食堂和喫茶店。在臺南士紳吳新榮（一九〇七－一九六七）的日記中，時常可以看到他與朋友相約林百貨吃飯喝紅茶的趣事。

即便在日治時期，購買制服的管道也和現在差不多，最方便的方式就是購買現成制服，可以到專門店或百貨公司購置。如果要講究一點，則是向布料店訂購材料、交由店家或由家長自行縫製，甚至也有可能是學生在學校的課堂上自己裁縫。位在末廣町銀座通的林百貨緊鄰州廳、警察署、消防組詰所、多所小學，在林百貨的服飾廣告中，也可見除了學生制服，還同時販售消防服裝、軍服軍帽、文官制服、西裝等各種洋服。

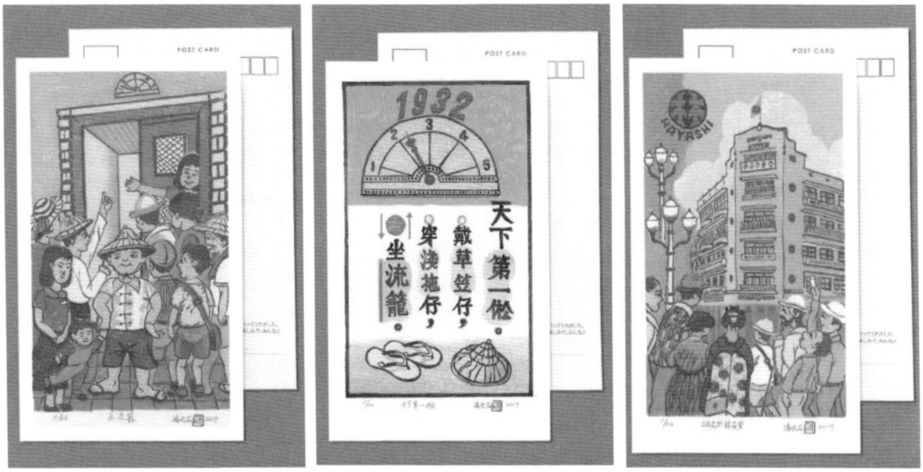

圖 3、潘元石將兒時在林百貨坐流籠的記憶做成版畫藏書票，今林百貨將這三幅圖設計成紀念明信片，成為店內的特色商品。
（圖片來源：林百貨購物網）

林百貨服飾商品看板

來到林百貨，大家都想坐時髦的電梯，但帶著潘元石姐弟到林百貨買制服的母親不敢坐，只好慢慢爬上位於三樓的兒童服裝部，爲了買去第一公學校（今臺南大學附小）唸書的制服，七歲的潘元石第一次坐電梯，瞬間就到了三樓。一進到買制服的櫃檯，還沒來得及試穿制服，潘元石第一眼先看上一對穿著學生制服的人形木牌衣架。

木製的衣架由一對男女學生人偶組成，木板在頭與頸的接合處做了半立體的黏合，彩繪細節只著重於頭部，頸下就套上制服，在場進行展示。人偶看板的彩繪風格充滿昭和摩登感，有著和洋混合式的立體五官，大眼睛、高鼻梁。唯一如實像小學生的部分，就是俐落的齊眉河童頭和學生帽。

仔細觀察，會發現人形的臉緣與五官輪廓，都襯上淡淡的半立體陰影，髮絲與學生帽上也點綴了白色高光。相較於臺南老街巷裡，那些包裝上常見的版畫套印二維構圖、報紙內因印刷技術限制所採用的色塊標準字，或線條隨筆漫畫的向量圖形，百貨公司內的人形看板多了點寫實立體，別有一番藝術風格。

圖 4、今林百貨外觀。
（圖片來源：林百貨）

就在買完制服之際，現場仍僵持不下，母親的勸阻只換來哇哇大哭的孩子；潘元石吵著想要這兩個人型娃娃，否則絕不回家。原來這對人形娃娃衣架是由林百貨的職員手繪，作爲展示衣架用，倉庫裡還備了幾個可做臨時替換。最後是大方的林百貨售貨小姐將一對人形木牌送給潘元石，他才心滿意足的願意與母親返家。

一九四四年，二戰戰事嚴峻，美軍開始對臺轟炸，臺南行政中心所在的末廣町多處遭擊，州廳、孔廟、林百貨，兩廣會館的臺南博物館館舍更是全毀。潘家也爲了「走空襲」搬至臺南近郊，輾轉搬遷了兩個地方，直到一九四六年才又回到市

圖 5、今林百貨電梯。
（圖片來源：林百貨）

區。在這顛簸躲空襲的日子裡，家族多是輕裝上路，不會多帶非生活必須的物品。但這對人形木牌娃娃衣架在潘母過世後，才被整理遺物的潘元石發現，他們就躺在母親的行囊中，安靜的度過了半個多世紀。

這對娃娃木牌的出現，除了成爲可一窺摩登時代林百貨服飾展售的線索，回到物的生命脈絡，我們更能看見時代交替之際，母親因對孩子有著無限重視與珍愛，也要將木牌好好保護的決心。而潘家家族對於此物的維護與保存，也一併將臺南城市的老身世，揉入了自家的記憶之中。

當歷史走進當代：重返林百貨的「林娃娃」

二〇一四年，林百貨於停業八十二年後重新開幕。歷經二戰時期美軍轟炸，終戰由國民政府接收作爲他用，直到二〇一三年修復完成後，經過市政府與學者、民間無數次來回評估，才又以「百貨」之姿重返社會。二〇一六年，林百貨特地向潘元石商借這對木牌，於開幕兩週年時展出，實體首次曝光，也搭配設計彩繪林百貨昭和

圖 6、潘元石擁有的手繪童裝看板就是「林娃娃」的原形。
（圖片來源：林百貨官方臉書）

手繪人形木牌的創意活動，邀請民眾一起寫自己和林百貨的故事。

隔年開始，更多系列商品隨之推出，筆記本、杯墊、面膜、磁鐵、馬克杯、餅乾糖果等，琳琅滿目。點進林百貨的商品網頁，「只有林百貨才有!!林娃娃系列商品」，斗大的標語立刻出現在眼前。重新繪製的「林娃娃」和看板並無太多不同，只是男童學生帽上原本鑲校徽之處，換成了一眼就可辨識的「林」商標。

既有的看板只有娃娃頭部，而現在則有了新的詮釋，脫下小學生制服，他們穿上現今林百貨員工的工作服，成爲迎賓小偶在資料夾上翩翩起舞、喝下午茶，或是爲伴手禮活潑代言。甚至還在二〇一九年飛出國，換上度假花襯衫和無袖洋裝，一起到日本沖繩的百貨進行展售。歷史中的物件成爲林百貨新生後的能量，不僅成爲行銷招牌，每年推陳出新的產品不計其數。歷史不曾過去，透過人與物的輪轉再製，它們作爲生活的養分，點點昇華成地方的文化。

國外友人訪臺南時，時常指定要逛林百貨，而印有林商標與林娃娃的小物們，自然是必選伴手禮之一。如同一趟物的穿越之旅，一個職員手繪的商品銷售小看板，因緣際會下成了今日林百貨重要的形象代表。他們從一九三〇年代林百貨三樓童裝部的櫃架上走進潘家，現在又以無數的商品分身，如同臺南觀光大使般，隨著來自各國的旅客們走向四方。

延伸閱讀

1 陳秀琍、姚嵐齡，《林百貨：臺南銀座摩登五棧樓》（臺北：前衛出版社，二〇一五）。

2 陳柔縉，《廣告表示：——。老牌子．老時髦．推銷術，從日本時代廣告看見臺灣的摩登生活》（臺北：麥田出版，二〇一五）。

圖 7、原先作為歷史證物的林百貨人形木牌，成為「林娃娃」的文創能量。
（圖片來源：林百貨購物網）

21 林百貨繪製的娃娃服飾商品看板

（圖片來源：林百貨官方臉書）

年代＼西元 1942 年

典藏地
潘元石家族私人收藏

文物圖解

1. 小學生：林百貨櫃店內的娃娃看板以日本時代的小學生形象設計，齊眉瀏海與帽子是常見的學生造型。
2. 學生帽上帽徽：2014 年林百貨重新開幕後，娃娃看板被做成「林娃娃」商品，帽上的帽徽變成了「林」字樣。
3. 林百貨的 84 歲生日慶，找到潘元石與手繪童裝看板共同慶賀。臺南市政府也協請陳秀琍撰寫《林百貨：臺南銀座摩登五棧樓》，讓民眾一窺老百貨的前世今生。

吹翻現實的風車

撰稿：林森路

一九九四年楊熾昌（臺灣日治時期著名詩人）過世之後，家屬與臺灣文學研究者呂興昌在整理他的遺物時，發現了一本小小的本子。本子封面鋪有鮮紅的底色，文字的線條感極強。上頭寫著「Le Moulin」、「POÉSIE」、「ESSAY」、「À LA CARTE」、「ROMAN」等字眼，這些文字都是黑色線條。黑與紅的交錯，造成視覺上的衝擊。

初看封面，直覺像是英文，但É和Le等字詞，卻帶來某種不協調感，這似乎是法文。楊熾昌曾經前往日本學習法文，難道這是他學習法文的教材嗎？

結果並不是這樣。呂興昌和家屬發現這本書時，深感意外。因爲這是一本大家都以爲不復存在的刊物，連楊熾昌本人生前，都認爲已經弄丟了。

這本書是日治時期臺灣超現實主義曾經存在的證明——風車詩社發行的同人雜誌《風車》第三期（Le Moulin 3）。

雖然這是一份出刊於一九三四年三月的刊物，但它的誕生已經經過一段時間的醞釀，是一份混合了法國、日本與臺灣三種文化的奇特刊物。

故事必須先從這份刊物的主編楊熾昌說起。

與超現實主義相遇

一九三〇年，楊熾昌前往日本，打算報考佐賀高等學校的法文科，不幸的是他落榜了，之後他決定前往東京。剛好趕上東京流行的超現實主義風潮。他在咖啡廳遇見了前衛作家岩藤雪夫等人，又藉由他們轉介，得以受到大東文化學院（今位於東京的大東文化大學）的院長西村伊作的賞識，進入學校就讀。

超現實主義的「超」不是「超脫」而是「更加」的意思，即是比現實主義還要更加「現實」。第一次世界大戰之後，西方的精神文明面臨崩潰，所謂的理性沒有帶來和平，而是更爲殘酷的殺戮。在這樣的時空背景下，否定一切理性的達達主義興起，但這樣爲否定而否定的主義無法長久。

人們開始尋找其他思想的可能，一時間，歐洲各式各樣的思潮萌發，超現實主義就是其中之一。一九二四年，法國的布魯東（André Breton，一八九六—一九六六）發表《超現實主義宣言》，借鑑佛洛伊德關於夢、潛意識的研究，認爲撇除理性的束縛，由意識本身帶來的想像、思維，才最能表達現實的樣貌。

這樣的思想迅速在世界各地傳播，日本的東京也不例外。隨著這個思想而來的，是法國著名的意象。《Le Moulin 3》的「Le Moulin」雖然翻譯爲風車，但其實是法國蒙馬特的紅磨坊（Le Moulin Rouge）。這個磨坊並不是出產麵粉的地方，而是有著各式各樣藝術嘗試的區域。一戰之後，藝術家大量湧入此處，各式各樣的思想、藝術實踐在這裡大爆發。

一九二七年，詩人兼藝評家瀧口修造（一九〇三—一九七九）出版了超現實主義詩集，成爲日本超現實主義運動的代表事件。接著日本藝術界開始興起超現實主義浪潮，在文學、繪畫都留下不少代表作品。

楊熾昌感受到了這樣的風氣，所以希望能將這股思潮引進臺灣。從一九一八年一戰結束到一九三四年風車詩社出刊，一共過了十六年。雖然醞釀的時間很長，但如果考慮到當時資訊傳遞的速度，當時的臺灣可說是緊追著時代的脈動。

這樣的思潮不只影響了文學，也對藝術產生影響。楊熾昌除了認識文學上的好友，也認識了一位超現實主義的畫家——福井敬一（一九一一—二〇〇三）。而楊熾昌的作品《熱帶魚》的插畫，隨筆集《紙魚》、《風車》第三期的封面等圖像，都出自於他的手筆。

除了超現實主義外，《風車》第三期的封面風格也受到荷蘭畫家皮特．蒙德里安（Pieter Cornelis Mondriaan）的影響。蒙德里安擅長用線條與顏色表達藝術美感，利用線條表現出張力，從複雜的色相裡抽出最爲有力的單一顏色。

這樣子的風格，也和《風車》第三期裡面的內容呼應。一群接受異國最新思潮的年輕人，懷抱著雄心壯志，要將這個思潮與臺灣的當地風土結合。而他們要面對的環境，是一九三〇年代的臺灣——處於日本的同化政策與殖民壓迫，同時也是文化交融的時代，文學、娛樂快速在臺灣發展。

他們準備大展身手了。

成立詩社

一九三一年，因為家庭變故，楊熾昌返回臺灣。一九三三年，他決定成立「風車詩社」，志同道合的夥伴有李張瑞（一九一一—一九五二）、林修二（一九一四—一九四四）、張良典（一九一五—二〇一四）等七人。根據楊熾昌的回憶，成立詩社的目的主要有三點：

一、受法國名劇場「風車」影響。

二、臺南七股、北門等區域內有多座鹽田，鹽田之上有一架架風車，很嚮往這樣的意象。

三、認為當時臺灣詩壇沒有新的發展空間，需要像風車一樣，對詩壇鼓吹一股新風。

超現實主義帶來方法，精神內在則需要與臺灣的風土結合。從《風車》第三期的內容來看，不僅有各類文體，如小說、詩與論文，作品的篇名也充滿想像，如楊熾昌（以水蔭萍之名發表）所寫〈燃燒的頭髮：為了詩的祭典〉、李張瑞（以利野蒼之名發表）的〈古老的庭園〉、林修二的〈月光與散步〉。

在後記中，楊熾昌充滿雄心壯志，寫到福爾摩沙的春天來臨，鼓勵臺灣的文學家一同耕耘美麗島（臺灣）的文學。同時也希望以超現實主義為切入點，從中尋找突破殖民政府把持文壇之困境的方法。

此外，風車詩社所呈現的超現實主義，放在世界的脈絡中之所以與眾不同，除了臺灣風土的影響外，也與其傳遞路徑——殖民母國日本也有關聯。經過日文的轉譯，即使想努力拓展超現實主義的可能性，但依然有些許時差與質變。

譬如楊熾昌在後記中，將臺灣視為「美麗島」——延續了日本殖民政府的視角。他所提出的沿岸風車意象，也並不全然被文壇接受。相對於風車詩社主張超現實，當時臺南還有另一個文學團體，以吳新榮、郭水潭為代表的「鹽分地帶」，則是強調現實關懷。

這兩個集團在臺灣文學史上都有其重要性，但在當時，風車詩社吹起的風，並未在文壇掀起巨大回響。

臺灣文學史中，風車詩社是一項大膽的嘗試，但這個嘗試並不長久。同人雜誌《風車》只發行了短短四期，除了第三期，其餘並未尋獲。楊熾昌回憶當時推行的過程，特別強調受到許多質疑，不得不停止活動。

一九三〇年代稍縱卽逝，接下來就是煙硝味瀰漫的一九四〇年代，《風車》刊物大多毀於戰火，詩人必須面對現實，在戰爭中求生存。接著是戒嚴肅殺的一九五〇年代，一同奮鬥的文學夥伴林修二，因爲肺炎死於二戰期間。戰後，張良典醫師因二二八處理委員會遭受牽連而入獄九個月，李張瑞又死於白色恐怖。

日治時期超現實主義隨著政權更替戛然而止，楊熾昌也停筆了好長一段時間。

等待發芽的種子

也許楊熾昌將風車詩社視作一顆超現實主義的種子，希望能在臺灣這片土壤生根發芽，這個夢想，卻在楊熾昌等人死後才開始萌芽，慢慢長出芬芳的花朶與累累的果實。

一九九四年發現《風車》第三期，全本譯本發表於一九九五年七月《文學臺灣》第十五期。隨著臺灣文學的研究興起，人們才發現在一九五〇年紀弦提倡超現實主義之前，早在一九三〇年代的風車詩社已經有了初步嘗試，日治時期的臺灣文壇遠遠比我們想像的前衛。

二〇一五年的紀錄片《日曜日式散步者》，配合歷史文獻追索風車詩社，卻不斷以違反直覺的鏡頭表現，在在提醒觀衆「再現」的不可能。二〇一九年，國立臺灣美術館推出展覽「共時的星叢：『風車詩社』與跨界域藝術時代」，由紀錄片導演黃亞歷、學者孫松榮、巖谷國士等人一同策展，藉由同時代的不同地區，如臺灣、日本、韓國等各地，配合詩歌、圖畫、戲劇和影像等不同媒介，呈現超現實主義的各類實踐。

二〇二〇年，國立臺灣文學館與臺南的晶英酒店合作，以作品〈Demi Rêve 半夢〉、〈古老的庭園〉和〈小小的思念〉為發想，開發出臺灣特色的法式甜點，向風車詩社呈現的臺南意象致敬。

在過去，風車詩社的存在與主張，提醒我們臺灣如何接受世界思潮，並與之互動。如今留存下來的《風車》第三期，則是不斷提醒我們，戰後到解嚴之間的空白，需要花多大的力氣才能慢慢拼湊、尋回。

現代人看待臺南，都是以古都稱之，似乎這些建築、文化，誕生之初就是如此。或許以風車詩社作為例子，我們可以看到古都的另一面，看著《風車》第三期的封面，如此「歐陸」的表現風格，彷彿提醒我們這座城市擁有新的面向等待我們挖掘。

延伸閱讀

陳琪璇，〈「風車詩社」的座標——論其於日治時期的非主流存在〉，《中正臺灣文學與文化研究》第二期（二〇二一年十二月），頁八十八—一二九。

22 《風車》第三期

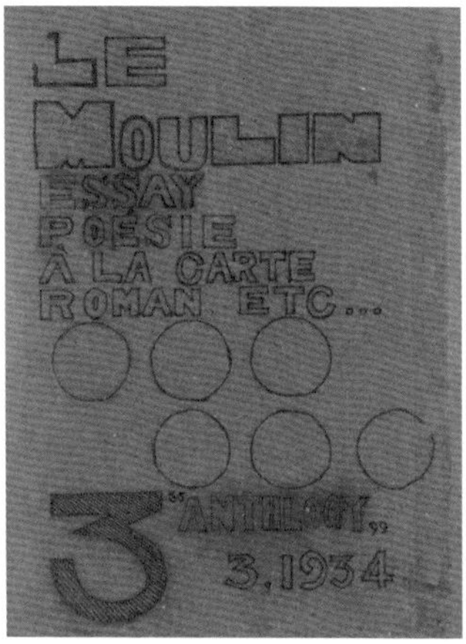

（圖片來源：國立臺灣文學館）

年代＼西元 1934 年

製作者＼楊熾昌（水蔭萍）主編

典藏號＼NMTL20060700002

典藏地
國立臺灣文學館

文物圖解

1.「風車詩社」為 1933 年成立的詩社，提倡超現實主義。
2. 超現實主義：從法國興起傳到世界各地，強調人的直覺與潛意識，在日本留學的楊熾昌等人接觸到，從而引進臺灣。
3. 本集詩刊封面是由日本超現實畫家福井敬一設計。

百年前的熠熠星光

撰稿：游淳詔

在每個人的生命歷程裡，都會有過一段追星或喜歡名人、偶像的年少時期，例如臺灣現在流行的韓國明星，或是一九八〇到九〇年代的香港和日本明星，一九六〇年代引發熱潮的歐美文化和影視明星，抑或是戰後初期因電影、留聲機所帶起的明星熱潮等。不同世代的人們，爲了能夠留存偶像名人的身影，都曾有過類似的蒐集行動，例如八〇、九〇年代的學生在文具店購買明星護貝照或簽名照的記憶，同學之間也會互相分享各自收集的成果。

隨著網路發展，取得偶像名人照片的管道也越來越便利，只要上網就能搜尋到各式各樣的名人照片或簽名照，點擊購買就能取得。雖然獲取的方式變快了，但想著能和自己所喜愛、崇拜的偶像有近距離接觸的機會，亦或是期望自己也有機會成爲家喻戶曉的名人，對每個年代的人們來說，都是一種生活的慰藉或是自我成就的期待。

活躍的女性

這張簽名照（頁二四三）上的女性人物，有著俏麗短髮和燦爛笑容，上面寫著「林氏好」和「1936.7.26」等字樣，爲什麼會有這張簽名照？林氏好又是誰呢？

圖 1、進學國小正門。
（圖片來源：游淳詔）

讓我們先找尋她的蹤跡，一起慢慢了解這張簽名照從何而來。

日治時期，受到日本推廣現代化的影響，臺灣民眾開始接觸西式教育、法律規章和休閒娛樂活動等，傳統女性必須具備溫柔婉約的形象，也逐漸被「新時代女性」的想法所取代，女性可以在攝影影像內呈現更加放鬆的姿態。

因女性受教育和就業比例提升，穿著打扮和思想也更加時尚和西化，俏麗短髮、時尚燙髮和行動輕便的洋裝，逐漸取代髮髻、旗袍、和服等傳統女性的打扮樣式，女性也開始熱衷參加各種公開活動和社會運動。

林氏好（一九〇七—一九九一），出生於臺南，畢業於臺南女子公學校（後改爲明治公學校，即現在赤崁樓後的成功國小），一九二二年三月從教員養成訓練所畢業後，即分發到臺南州臺南第三公學校（後改爲末廣公學校，今進學國小）擔任教員心得（代用教師），憑藉她可以彈奏鋼琴、小提琴和歌唱能力，在學校內教授音樂課程。

經同事介紹，林氏好於一九二三年與當時任教於六甲公學校林鳳營分校的盧丙丁結婚，一九二四年開始擔任臺南州臺南第二幼稚園的保姆。

一九二一年就已加入臺灣文化協會的盧丙丁（一九〇一—一九三五），在一九二四年發生治警事件後，促發他辭去六甲公學校的教職，全心投入「臺灣文化協會」、「臺灣民衆黨」和「臺灣工會總聯盟」等社會運動中，爭取臺灣人的權益，也以「活動寫眞部」的名義規劃「美臺團」、「臺南文化劇團」等文化講習、新劇宣傳的活動，向民衆推廣改革和進步理念。

隨著盧丙丁涉入多場抗爭行動後，日本政府也開始密切關注他周遭的親友。一九二八年，林氏好受到盧丙丁從事社會運動的影響，被迫辭去教職，旋即轉往信用合作社擔任秘書。同時她開始組織「臺南婦女青年會」，期望可以爲當代女性發聲，至一九三〇年「臺南婦女青年會」正式成立。

除了積極參與社會活動外，她也加入由臺南女詩人組成的「芸香詩社」，並在一九三一年由《臺灣新民報》所舉辦的模擬的州、市議員選舉中，獲選爲臺南市議員，可見她當時在臺南社交圈的活躍程度。

臺灣美聲邁向世界

一九三一年九一八事變，日本在中國東北發動戰爭，臺灣也受到影響，爲能供應軍需，官方預算刪減，經濟發展也呈現衰退現象。同時，臺灣民衆黨和左翼團體在總督府的嚴厲查禁下被迫解散，政治上又回到被壓迫的狀態。

林氏好以之前參與社會運動的經驗，將發展方向轉爲能深入民衆生活的文化活動爲主。一九三二年，林氏好開始轉往音樂領域發展，雖然未受過正規音樂教育訓練，但憑藉著曾跟隨有「臺灣教會音樂之母」之稱的吳瑪利牧師娘（一八六七—一九六〇）學習鋼琴和聲樂的經驗，以及透過留聲機自學日本聲樂家的歌唱方式，不斷精進自己的歌唱能力。

一九三二年，她如願進入古倫美亞唱片公司，以《紅鶯之鳴》出道，又與同公司的純純（一九一四—一九四三）分別演唱《一個紅蛋》，可見兩人是當時古倫美亞重點栽培的歌手，也是臺灣流行歌壇的知名歌手。

她後來陸續演唱廖文瀾（廖漢臣，一九一二—一九八〇）作詞和鄧雨賢（一九〇六—一九四四）作曲的《琴韻》、周添旺（一九一一—一九八八）作詞和鄧雨賢作曲的《月夜愁》、蔡培火（一八八九—一九八三）作詞曲的《咱臺灣》及西洋歌《甜蜜的家》、《搖籃曲》等歌曲，她以聲樂演唱的方式，有別於當時以歌仔戲腔調爲基礎的唱法，開啟臺灣流行音樂的另一種詮釋方式，令人耳目一新。

從一九三二年在古倫美亞公司開始，她經常在各地巡迴演出，如臺南公會堂的演唱會、獨唱會、屏東演唱會、臺南鹽水街音樂會等大大小小的公開演出，更不用說到電臺演唱的次數，一九三四年她以北京語演唱的〈落花流水〉發行，進一步將音樂事業版圖擴展到中國。

一九三四年底，她轉到由臺灣人開設的泰平唱片公司成爲專屬歌手，在這個時期她演唱許多首由盧丙丁寫詞的歌曲，如〈月下搖船〉、鄭有忠作曲的〈紗窗內〉、張福興作曲的〈織女〉等，讓兩人的關係延續到音樂領域的合作中，透過歌聲不斷傳達著她和盧丙丁之間的深厚感情。

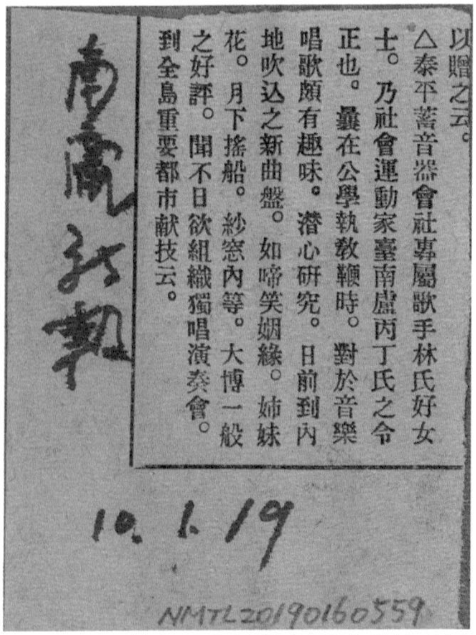
以贈之云。
△泰平蓄音器會社專屬歌手林氏好女士。乃社會運動家臺南盧丙丁氏之令正也。曩在公學執教鞭時。對於音樂唱歌頗有趣味。潛心研究。日前到內地吹込之新曲盤。如啼笑姻緣。姉妹花。月下搖船。紗窗內等。大博一般之好評。聞不日欲組織獨唱演奏會。到全島重要都市献技云。

圖 2、泰平蓄音器會社對專屬歌手林氏好的簡介。1935 年 1 月 19 日《南瀛新報》報導，泰平蓄音器會社為專屬歌手林氏好辦理全島巡迴的獨唱演奏會。
（圖片來源：國立臺灣文學館）

一九三五年一月泰平唱片更爲她籌劃全島的巡迴獨唱會，當年《南瀛新報》對林氏好的簡介內提到她是泰平的專屬歌手，也是臺南的社會運動家盧丙丁之妻，在公學校擔任教職時對音樂唱歌有興趣也深入研究，到日本本島宣傳新曲也獲得好評，所以想籌劃獨唱演唱會到全島各重要都市巡迴演唱。

離別之時

「今日離別　不知著時　能得閣再相見　我眞無愛　汝咱分離　那鴛鴦來分枝……」

一九四〇年，林氏好爲了能在日本持續發展歌唱事業，舉家遷往日本定居，期間她讓養女林香芸（後成爲大媳婦，一九二六—二〇一五）到歌謠學校、舞蹈研究院、俳優學校，接受歌唱、舞蹈、戲劇的專業訓練，也送二子接受中學教育。

一九四四年二戰末期，她爲了躲避戰火也考慮到未來發展，舉家遷往滿洲國新京市（今中國吉林省長春市），任職於新京交響樂團，一九四五年媳婦林香芸在中國瀋陽成立「南星歌舞團」，林氏好也開始參加勞軍音樂會的演出活動，演唱歌曲由臺語歌曲轉爲中國傳統歌謠，一邊勞軍一邊籌劃舉家返臺，輾轉從中國的長春、天津、上海等地，奔波近兩個月後，於一九四六年順利回到她心之所向的臺灣。

返臺後，一九四七年她和媳婦重新成立「南星歌舞團」和「林香芸舞踏研究所」，持續在各地的勞軍活動中演出，也參與過蘭陽水災的賑災活動，一九四八年至臺北市泰北高中任教和成立「林氏好歌舞研究所」。一九六一年罹患舌癌後，逐漸轉往幕後發展，培育臺灣音樂和舞蹈的人才，至一九九一年離世。

撫慰樂音

林氏好作爲一九三〇年代的知名歌手，簽名照成爲她拉近聽衆關係和行銷自己的工具。簽名照上的一九三六年七月二十六日，又是個什麼樣的日子呢？

時年二十九歲的林氏好受邀在該年的八月一日擔任屏東鄭有忠先生開設管弦樂講習會的聲樂部講師，這是她在一九三五年六月拜師日本聲樂演唱家關屋敏子（一九〇四—一九四一）後返臺的活動之一，距她開始從事演唱事業僅僅四年的時間，就已成爲日本和臺灣兩地家喻戶曉的明星。

此時的她在日本本島以「林麗美」的藝名進行活動，也透過臺灣巡迴演唱會累積廣大知名度，此外她已有足夠能力培養臺灣的歌唱人才，或許是爲了讓更多慕名而來的人們，或是招募對音樂有興趣的人。爲此，她準備了臺灣人所熟知的林氏好簽名照，提供給聽衆和後輩們留念。

她和鄭有忠管弦樂團從一九三四年開始合作，因爲林氏好的聲樂演唱方式，需要配合鋼琴或管弦樂才能襯托她的歌聲，同時也拓展了臺灣音樂的範疇。他們的合作不只是一九三五年的全島巡迴獨唱會，還有該年五月中至六月初在臺南公會堂、臺東小學校和花蓮昭和紀念館舉辦的賑災音樂會，以音樂募款的形式爲災區家庭盡一份心力，透過實際行動關懷災民生活困境，利用音樂撫慰傷痛。

美聲長揚

林氏好從臺南的一位國小教員轉變成爲積極投入在地的社會運動，以新時代知識分子的女性身分，以一己之力開創自己的音樂事業的新時代女性。音樂對她而言，不只爲了是養家，也是她開啟另一種投身社會運動的方式。

她以聲樂方式爲臺灣音樂注入新生命，不僅致力於推廣臺灣歌曲，同時不斷精進自己的能力，透過與民眾的互動傳達她對臺灣的愛，以及她和盧丙丁彼此亦師亦友的深刻情誼，即使面對動亂的世界局勢，肩負著照顧家庭的責任，也同時關注著社會大眾的困境，展現其身爲新時代女性的堅毅韌性，也延續著她一直以來對社會、公眾的關懷。

她以臺灣漢文爲詞，古典音樂爲曲，將兩者融合爲屬於臺灣的歌曲，她曾說過臺灣人應該唱臺灣歌，研究臺灣歌，努力將臺灣歌曲推廣到國際。就像同時期的吳晉淮、許石等臺南音樂家，致力將臺南、臺灣在地的景點、鄉土民謠等，重新編曲填詞，創作出屬於在地的樂曲，流傳至今。

延伸閱讀

陳耀昌，《島之曦》（臺北：遠流出版，二〇二一）。

23 林氏好簽名照

（圖片來源：國立臺灣文學館）

拍攝年代＼不詳

典藏號＼NMTL20190160323，A1/1

典藏地
國立臺灣文學館

文物圖解

1. 照片尺寸：14 ×9 公分。
2. 人物：頭部傾斜 45 度左右，臉朝正面露牙微笑，身體為側身的女性。從不露齒笑的拍照方式，為何轉變成笑容燦爛的拍照表情呢？
3. 髮型：瀏海髮尾內捲遮住額頭，髮尾末端向外捲翹，頭髮長度為耳下，髮型俏麗有活力。
4. 衣著：肩膀為蕾絲小碎花披肩，在胸前交叉打結。

一路走來

戰事下的個人記事

撰稿：林森路

當文青醫師吳新榮收到臺南被轟炸的訊息，事件已經過了一天，他將心情寫入一九四五年三月二日的日記之中。

對於吳新榮來說，他並未想到戰爭距離自己如此近。而這場戰爭發生的原因，日本政府說是理念之爭——讓亞洲掙脫歐美的殖民枷鎖。他很熟悉與殖民者周旋這件事，過去他也向日本政府爭取權益，不過抗爭的手段只是聽臺灣文化協會的演講、組織佳里青風會投入地方選舉，從未動過暴力抗爭的念頭。

一九一五年（大正四年）吳新榮入學蕭壠公學校漚汪分校（今漚汪國小），一九二二年（大正十一年）時就讀臺灣總督府商業專門學校，他受到學校英文老師林茂生的啟發，開始參與臺灣文化的推廣，也聽了很多臺灣知識分子的演講。

第一次世界大戰期間，亞洲地區並未受到太多波及。戰爭帶來的重大傷亡，讓許多知識分子更進一步思考現代化帶來的後果，並體認到這樣的戰爭結果太過慘烈，相信人們會記取教訓，不會輕易再發起下一場戰爭。

在大正的民主氛圍下，臺灣的知識分子認爲人類的紛爭，將會仰賴非暴力的形式解決。

臺南大空襲

這場發生於一九四五年三月一日的臺南大空襲，造成臺南地區嚴重的傷亡。二戰後期，戰火開始燒向臺灣，美軍對臺灣的空襲轟炸集中於一九四四年十月至一九四五年八月，主要針對工廠、行政機關等設施，目的在於癱瘓臺灣的行政系統及軍事產業。爲了躲避空襲，許多居民逃到鄉下地區，這個行動被稱作「疏開」。

吳新榮在三月一日的日記上寫著自己聽到了空襲警報以及連續的爆炸聲，之後才收到臺南被攻擊的消息，三月二日的日記則補述昨夜還能看到遠方的黑煙。對此，吳新榮感嘆美軍盲目的轟炸導致無謂的犧牲，他們必須面對的戰爭慘況已經近在眼前。

之後空襲不斷，臺南大空襲帶來的震撼漸漸退散，吳新榮也開始習慣這個情形。在一九四五年三月十四的日記中，他記錄近日美軍每天都會有例行性的空襲，在日記寫道：「空襲中は割合に暇であった。それで新聞でも讀まうとすれば（而在空襲中，就有空暇時間了，可看看報紙。）」

同時他也在日記說，戰時的報紙版面只剩下四分之一。作爲後來人的我們，已經知道第二次世界大戰即將步入尾聲，而當時的報紙多半還在粉飾太平，即使如此，對吳新榮來說，報紙的內容依舊索然無味。

吳新榮放下報紙，轉而讀起江文也的《上代支那正樂考》。也許身為醫者的他，已經看淡生死。吳新榮顯然很喜歡這本書，大概花了一個月的時間將這本書讀完。

吳新榮日記裡的文字雲淡風輕，實際上臺南大空襲卻帶來了非常嚴重的災難。無論是行政區、商業區還是一般平民居住的區域，都因為空襲而有嚴重的傷亡。譬如臺灣總督府臺南師範學校（現在的臺南大學）、孔子廟、臺南州廳（現在的國立臺灣文學館）等地，如今拜訪這些地方，很難從眼前的靜謐景象想像曾經遭受到的戰火肆虐。

當時不少知名人士經歷了這次的空襲。

譬如臺灣文化協會的要角韓石泉醫師，就有著空襲帶給他的痛苦回憶。他在自傳中提到，戰火逐漸蔓延到臺灣，即使如此，依然有人很樂觀地想：「盟軍只會攻

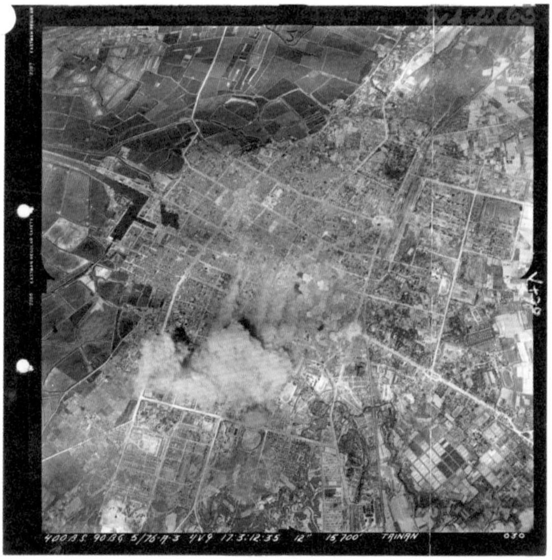

圖 1、「美國空軍歷史研究部（AFHRA）徵集成果」，〈美軍轟炸任務月報：321BQ, March 1945〉，11 航照 _Hi(TAINAN)。
（圖片來源：中央研究院人社中心 GIS 專題中心）

擊軍事相關的建築，民宅從高空來看非常明顯，所以我們不會有事的。」雖然韓石泉醫生不這麼認爲，但他也因爲醫務繁忙，還沒有思考「疏開」到鄉下的事情。

三月一日當天，總共有兩次空襲警報，第一次警報是在上午十一點，到十二點警報解除。臺南市區的居民並未感到慌張，有些人甚至還探出了頭，看著天上的敵機。面對敵機，日軍利用高射炮還擊，但因爲飛機的飛行高度太高，所以只看到一朵朵砲彈引發的黑色雲朵，在飛機下方綻放，並未擊中機身。

身爲醫生的韓石泉，在第一次警報響起之後，就前往和春外科醫院待命，準備爲空襲結束後可能湧入的大量傷患進行救治處理。

出門前，韓醫師特別囑咐長女淑英快點出門，早早去慈惠院（今私立臺南仁愛之家成功養護中心）待命，以盡女子救護隊的責任。

剛剛抵達醫院，空襲便開始了，韓醫師只能躲在水槽底下，等待空襲過去。幸好，多數的家人和員工都從兼有醫院功能的自宅（位於民權路上，現爲韓內科診所）撤離，進入附近的防空設備避難，當天傍晚韓家人又疏開到郊外的本淵寮。

但是韓石泉並未放心，他還不知道大女兒韓淑英的下落。那個時候，韓宅已經被美軍落下的燃燒彈擊中，燃燒著熊熊烈火。由於家宅沒了，他只能暫居在友人王受祿家中，隔天他才找到女兒的遺體，女兒履行著救護隊的職責到生命的最後一刻。

女兒的逝去，是韓石泉醫師心中的大痛，他在自傳《六十回憶：韓石泉醫師自傳》中寫到，「余急奔視，則已無聲無息，橫臥牆下，下身被瓦礫壓蔽，僅露上身，焦黑不忍目睹，由其焚餘上衣，模糊辨認，余心碎矣。」從字裡行間能夠感受到一位父親面對女兒逝去的悲痛。

知名法學家孫森焱也曾回憶空襲的情景，孫家當時住在市區，母親在空襲警報響起時，就拉著他和其他孩子躲入地窖。直到警報解除，躲在其他防空洞的父親才趕著回來。他聽到趕回家的父親說，停在防空洞的腳踏車，因爲炸彈引發的爆風而損毀，炸彈造成的坑洞隨處可見，燃燒彈引發的大火，正在不同棟房屋間肆虐。

根據逃到郊區的居民回憶，市區的熊熊大火照亮了夜晚的臺南，印證了吳新榮日記裡提到的遠方黑煙。

聽說這次空襲，臺南的罹難者至少有兩千多人。

戰事下的生活

對於吳新榮來說，戰爭對他的影響之一，就是一九三九年被編入佳里的防衛救護班。他除了要練習應對空襲的緊急處理外，也負責燈火管制的行爲。但吳新榮並不把這些當一回事，還頻頻和朋友相約打麻將。到了後來，吳新榮決定戒除麻將，改下圍棋。

戒除麻將的原因，吳新榮自陳是浪費太多時間。但與友人打麻將，不單單是作爲娛樂而已，戰爭開始之前，他們藉由打麻將溝通聯絡，曾經在地方選舉打出漂亮的一仗。戰爭期間，放棄麻將而學習圍棋，是否代表吳新榮對於政治已經有心灰意冷之意呢？

戰爭似乎從心理層面影響了吳新榮。

三月一日的空襲之後，吳新榮的日記不時出現空襲相關的紀錄。如果是下雨天，吳新榮就會鬆一口氣，因爲雨天不會有空襲。在一九四五年五月二十七日的日記中，他記錄了小雅園遭受空襲的場景——建築物吃了五發機槍子彈，其中一顆從屋頂貫穿到木板。一九四五年七月二十九日的日記，寫著他也開始構築躲避空襲的掩體。

當空襲成爲日常，吳新榮和友人談起另一個話題，敵軍會不會登陸臺灣？

三月二十六日，他與因躲避空襲來到鄉下疏開的黃平堅、莊松林、王盡瀨交流意見。日記裡，他認爲敵軍不會登陸，列舉了好幾點考量，整理起來，總體意見就是臺灣的防守堅固，雖然位置的確有戰略價值，但考慮優點和缺點相較，攻下臺灣並不划算。

吳新榮的判斷非常正確，雖然美軍曾經計畫登陸臺灣，這個名爲「堤路行動（Operation Causeway）」的攻臺計畫，的確有預估攻臺需要的兵力和準備。最後評估認爲成本太大，決定跳過臺灣。

但吳新榮接下來的判斷，就顯得天眞了。他認爲敵軍將攻下其他島嶼，最後只剩下日本本土和臺灣，成爲堅守戰場的兩個堡壘。

雖然敵軍並未登陸，但戰火依然在臺灣上空盤旋。一九四五年五月三十一日，美軍針對臺北發動大空襲。這次的空襲造成了數千人的死傷，不只人員有所死傷，古蹟、藝術品亦受到波及，如黃土水的作品《釋迦出山》就遭到焚毀。

有多少人命和藝術品葬身空襲呢？當時空襲的計畫又是如何進行？這段歷史是到了最近，才慢慢有人關注。譬如甘記豪《米機襲來：二戰臺灣空襲寫眞集》、張維斌的《空襲福爾摩沙：二戰盟軍飛機攻擊臺灣紀實》等書籍。

戰爭帶來的影響，在戰爭結束之後並未停止。那些從空中落下的彈藥，有些可能被埋在土裡。譬如捷運松山機場站開挖時，就挖到疑似二戰時期空襲的未爆彈。希望當時臺南大空襲的未爆彈，都已經處理完畢。

戰爭結束之後

終戰那一天，吳新榮日記又是怎麼描述這件事？翻到八月十五日的日記，吳新榮上午都在忙，替瘧疾患者抽血、檢驗疾病。中午聽到友人說有重大廣播，回到家後卻發現收音機沒電。直到晚上，才從友人口中聽到日本投降。

戰爭結束了。

從現有的資料來看，這似乎是吳新榮最後一篇日文日記。

到了八月十六日，吳新榮用漢字寫日記。面對政權的交替與日本的戰敗，吳新榮並沒有太多喜悅，而是不斷提醒自己要小心謹慎。他在日記寫道：「噫，悲壯乎，歷史的大轉換是一日之中，是一時之間。噫，感慨哉，自今日雖說是和平之第一日，但難免一種的不安，無限的動搖。總是要光明的前途，必須要再努力、勉勵而已。此數日中要謹慎，而靜觀世界之大勢。」

吳新榮未曾想到的是，空襲雖然結束了，但戰後的國民政府，卻即將引發政治的洪水，向他與一批知識分子席捲而來。

延伸閱讀

1 班與唐，〈從崇拜孫文的左翼詩人，到悶頭回顧人生的隨筆作家——吳新榮《震瀛自傳》〉，https://medium.com/@banyutang/從崇拜孫文的左翼詩人-到悶頭回顧人生的隨筆作家-吳新榮-震瀛自傳-1ac440914c1b，2021/02/20。

2 甘記豪，《米機襲來：二戰臺灣空襲寫真集》（臺北：前衛出版社，二〇一五）。

3 張維斌，《空襲福爾摩沙：二戰盟軍飛機攻擊臺灣紀實》（臺北：前衛出版社，二〇一五）。

24 吳新榮 1945 年日記

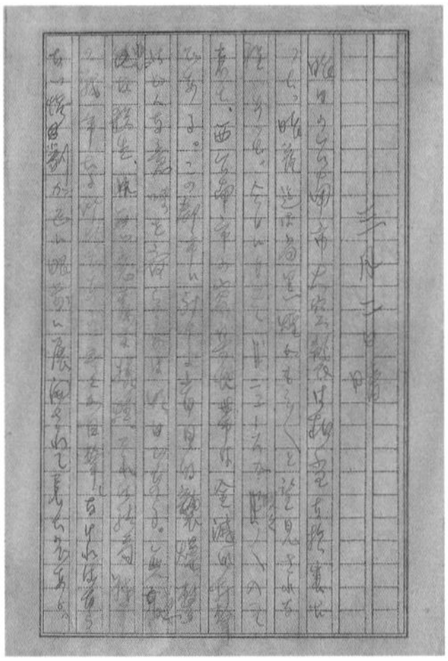

（圖片來源：財團法人吳三連臺灣史料基金會）

年代 \ 西元 1945 年

典藏號 \ CD00012_0042

典藏地
財團法人吳三連臺灣史料基金會

文物圖解

1. 臺南大空襲的第一手觀察：吳新榮雖然不在空襲的範圍內，但日記生動捕捉人們面對戰爭的心情。
2. 戰爭的影響：讀吳新榮的日記可以感覺到戰爭的腳步逐漸逼近。
3. 戰後語言轉換：戰爭期間，吳新榮用日文寫日記，日本宣布終戰之後，吳新榮用中文寫日記。

改變人生的判決書

撰稿：林森路

從浪漫到寫實

近十多年來，官方與民間在宣傳臺南的時候，總會引用文學家葉石濤的句子：「這是個適於人們做夢、幹活、戀愛、結婚悠然過日子的好地方。」提起臺南，大多數人的印象就是步調悠閒、遍地美食的城市。

這呈現了臺南的其中一個面向，走進市區小巷弄，就能發現別有洞天，有百年老店，也有年輕人回鄉開設的特色小店，不同特色店家的匯聚似乎說明了臺南是個適合不同的人來此生活的地方。知名文化人韓石泉醫師，一九二六年與夫人莊綉鸞在臺南公會堂結婚，和數百名前來參與的親友一同朗誦〈結婚宣誓書〉，並在臺南白首偕老。

這些事情，似乎印證了葉石濤的話。被文壇尊稱葉老的他，從作品和行爲可以看出臺南對他的影響，總認爲自己是甘草人物，不喧賓奪主，增添更複雜的風味。

但臺南還有另一個面向，並非甜滋滋的夢幻口味，戰後曾經有段苦澀時代。如同葉老的作品，多半描寫市井小民的日常生活、嘻笑怒罵，但也有刻畫白色恐怖的作品。

或許我們可以從一件事實談起，戰後葉石濤在臺南生活的時間不長，他最後選擇在高雄左營定居。

那麼，爲什麼葉石濤沒有定居在適合「悠然過日子」的臺南呢？

命運的轉折

一九二五年，葉家迎來了葉石濤。原本過著少爺生活的他，戰後卻遭逢命運的轉折。一九四七年二二八事件發生時他二十二歲。事件之初，臺南市區的派出所遭民衆闖入收繳武器，甚至連臺南監獄也被群衆包圍。

那時，大多數的人都認爲臺灣的命運即將轉變，但葉石濤並沒有投身其中，而是穿梭在大街小巷裡，看著那些情緒激動，相信能改變臺灣的人。他曾經自述：「我天生是個觀察者而不是行動者。」

一切的熱情與幻夢，到了一九四七年三月開始變調，國軍整編第二十一師南下，三月十一日湯德章遭到特務逮捕，到了三月十三日，葉石濤親眼目睹湯德章律師被五花大綁，最後在民生綠園被槍決。

二二八的經歷，讓臺灣的命運走向另一條路。即使他努力置身事外，他與他的家族依然無法逃脫國民政府的影響。

國民政府改變了葉石濤與他的家族

國民政府來臺之後推出一連串的政策，也對葉石濤及其家人產生了影響。葉石濤家族雖是望族，但在戰後逐漸沒落，父親葉敦禮更是不善理財。隨著土地改革的政策施行，家境更加惡化，一家人只能在臺南市區輾轉，最後落腳在延平戲院（今延平大樓）後面，位於蝸牛巷中的瓦房。

和過去的日子相比，瓦房自然顯得簡陋。父親總是和母親林чч治抱怨，這間瓦房的入口太窄，日後等他過世，恐怕棺木都沒辦法進屋。如今，若走進蝸牛巷，依舊可以感受到小路帶來的幽靜，但過去葉石濤與家人居住於此，是因為家道中落，有這一層轉折，才讓葉敦禮心中感到不滿吧。

即使家道中落，葉石濤還保有一份不錯的工作，住處距離他任教的永福國小，走路大概五分鐘。從望族子弟到國小教員，看到二二八的殘酷，葉石濤的文學走向發生了改變。

過去受到西川滿提攜，他喜歡浪漫幻想的文風。二戰期間，雖然曾經入伍從軍，但因為尚未投入前線，戰爭便已結束，葉石濤並沒有受到太多影響。直到二戰結束之後，他才逐漸感受到日本在戰爭期間的侵略行為，意識到軍國主義帶來的迫害。

日本軍國主義的危害、二二八的血腥鎮壓，以及湯德章律師槍決的畫面，讓葉石濤逐漸理解，這個世界上有浪漫主義無法解決的事情，如果要深刻理解這些問題，需要接觸不同的文學、思想書籍。

另外一件影響葉石濤的政策，就是禁用日語，全面使用中文。雖然葉石濤曾經接受私塾的漢文教育兩年，對於中文並不陌生，但仍稱不上熟練。

要閱讀什麼書，才可以同時理解不同思想，又可以練習中文呢？那時有大批的左翼書籍渡海來臺，葉石濤發現從中國來的書籍可以滿足他的需求，閱讀左派的思想，既可以理解社會底層的心聲，也能練習中文。

葉石濤並不是憑空獲得這些書籍，他和別人買書，買了《論聯合政府》、《新民主主義》等書籍。

這些書籍多半是毛澤東的著作，在國民政府眼中，這些是理所當然的禁書。但當時葉石濤一心想學中文、理解左翼思想。根本沒想到，那些從中國來的書，從此改寫了他的命運。

閱讀書籍之前，要先注意作者是誰

一九五〇年，葉石濤就嗅到不尋常的氣息了。他發現一同討論左翼思想書籍的好友接二連三遭到逮捕。原本他就有心理準備，認爲總有一天政府會找到他。但隨著時間過去，政府始終沒有找上門，他也逐漸放下心來。

一九五一年的深夜，葉石濤走出第一全成戲院（今全美戲院），時間已經半夜，他看完電影《紅菱豔》（The Red Shoes），對於電影裡女主角的命運唏噓不已，一邊走路回家。到家之後，脫下皮鞋，稍作休息，過沒多久，他聽到了敲門聲。

半夜時分，敲門聲格外清晰。

葉石濤已經知道接下來會發生的事情，他知道很多人被半夜的敲門聲驚醒，穿上鞋子，跟著站在門外的人離開，從此下落不明。葉石濤穿上剛剛脫下的皮鞋，打開門，發現一張熟面孔。

那是永福國小替學生理髮的剃頭匠。

另一位則是個陌生臉孔，體型魁梧，一看就是情治單位的人員，手上拿著一副手銬。

接下來的事情，葉石濤就不清楚了。

譬如，葉石濤不知道那天出現的剃頭匠，究竟是出於自願還是被迫前來。從他的神情看來，似乎應該是被迫的。的確有人因爲覬覦他人的財產，向政府檢舉對方是匪諜的例子。但那時的葉家，已經沒有多餘的財產，一家六口只能擠在這間瓦房之中。

葉石濤接受逮捕，坐上吉普車，一路來到臺南市警察局[8]。

經過長達一個多月的疲勞審訊、關押，葉石濤被移送到臺北的「高砂鐵工廠」審訊囚禁。這座鐵工廠，原本是辜嚴碧霞的財產，辜嚴碧霞熱愛文學，曾經資助作家呂赫若。當呂赫若被政府認定爲共產黨員時，辜嚴碧霞也落得「資匪」的罪名，不得不將「高砂鐵工廠」捐給政府，改造成審訊囚禁的空間「北所」。

審問期間，葉石濤不斷強調自己不是共產黨員，接觸的書籍雖然被禁，但他讀的時候根本還不是禁書，甚至其他被告也願意證明葉石濤並不是共產黨員。

即使如此，葉石濤依然被判有罪，罪名是「知匪不報」，被判處五年有期徒刑。到了一九五四年，由於蔣中正連任第二任總統，依照「減刑條例」，只需服刑三年，葉石濤也因此獲釋。

從一九五一年那一晚離開家裡，到了一九五四年服刑期滿。葉石濤離家三年，而他從小到大生活的臺南，也變得陌生無比。許多親友遠遠看到葉石濤走來，不是假裝沒看到，就是趕緊迴避。

政治犯的身分，也讓葉石濤在臺南找不到好工作，必須在臺灣各地奔波。最後定居在高雄左營，開始他的文學事業。

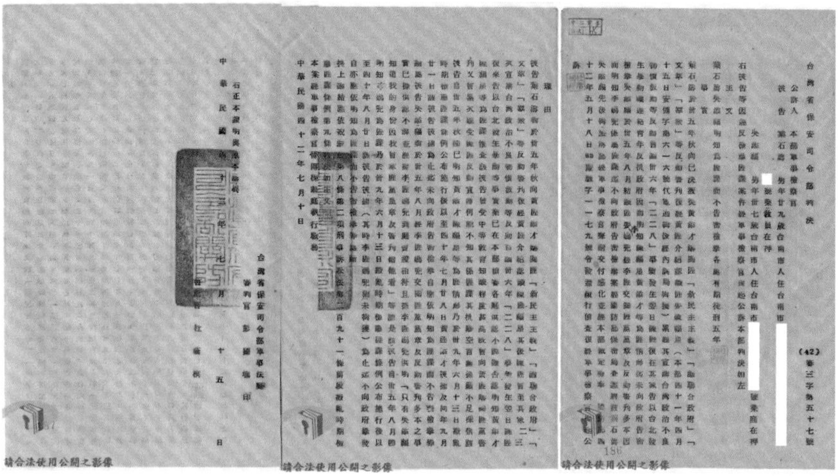

圖 1、葉石濤案判決書原本
（圖片來源：國家檔案資訊網）

葉石濤抄寫了自己的歷史

除了閱讀左翼書籍練習中文，葉石濤也閱讀《康熙字典》，抄寫《紅樓夢》。即使如此，我們仍然不知道葉石濤抄寫判決書的用意。

也許葉石濤希望親手抄寫影響他一生的判決內容。

諷刺的是，葉石濤原本可能可以不用坐牢。當時參謀總長周至柔曾經請示總統蔣中正，認爲此案係在《檢肅匪諜條例》實施之前「知匪未報」，但在條例施行後並未延續這個行爲，是否需要依法處置？

這個簽呈是爲了正式確認葉石濤是否犯法。儘管蔣中正並無做出明確批

註8－臺南市警察局原址如今已不是警察局，而是臺南市美術館一館。

示，體察上意的周至柔卻擴大解釋了《檢肅匪諜條例》範圍，葉石濤也因此被判入獄。

如果葉老知道這件事情，不知道會有怎麼樣的心情。小說家只能決定作品裡角色的一生，但獨裁者的一言一行，卻能直接改變眞實世界的人生。

當判決書成為小說的「角色」

葉石濤抄錄自己的判決書，略去了同案被告吳添福的文字，他只抄寫下關於自己的段落。

一九九六年，葉石濤出版小說集《臺灣男子簡阿淘》，研究者都認爲這是一部自傳意味濃厚的作品，主角簡阿淘被視爲葉老自身的投射。其中的〈紅鞋子〉就細細描寫了簡阿淘與其他臺南人士的互動，以及他被捕入獄的經過。而小說的最尾端，就是男主角收到的判決書。

那份判決書的內容，與葉石濤實際收到的判決書一致。只有字號、被告人的相關資訊、司法人員的名字遭到改寫或刪減。

在《臺灣男子簡阿淘》裡，簡阿淘出獄後，開始了一段艱困的人生，但他並不放棄。就像葉石濤，雖然法院的判決改變了他的人生，但他依然努力生活，判決書沒寫到的是葉石濤替臺灣文學開墾了一片天地。

二〇〇〇年，葉石濤獲得「財團法人戒嚴時期不當叛亂暨匪諜審判案件補償基金會」的補償。二〇〇八年葉石濤病逝。過世四年之後，二〇一二年，臺南友愛街上的原山林事務所變成葉石濤文學紀念館。在逝世十年之後的二〇一八年，政府撤銷判決的處分。

如今讀者讀到〈紅鞋子〉最後的判決，這份改變葉石濤命運的判決書，並沒有眞正將葉老定罪。葉老用他的一生不斷證明他對臺灣文學的熱愛，以及他的清白，判決書的一字一句，反而凸顯了當時威權政府的可笑。

25 葉石濤判決書抄本

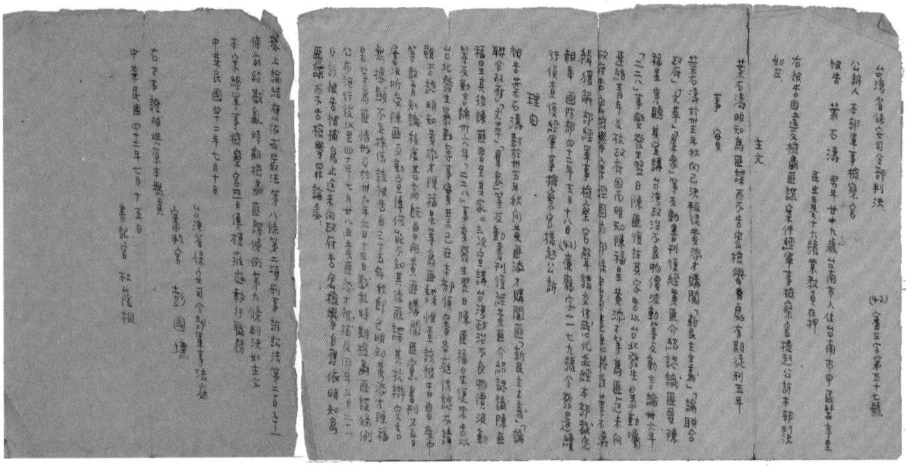

（圖片來源：臺南市政府文化局）

典藏號 \ 20160600020

典藏地
葉石濤文學紀念館

文物圖解

1. 在小說出場：曾經在葉石濤的短篇小說〈紅鞋子〉出現。
2. 抄錄了自己的歷史：其他被告的部分並未出現。
3. 被撤銷的判決：2018 年 12 月 9 日，政府宣告撤銷葉石濤有罪的判決。

肩負重任——記錄田野的利器

撰稿：游淳詔

留下歷史一瞬

「它抓得住我！」這是一九八六年底片相機時期的軟片公司廣告詞，對照我們現在人手一支手機，可以隨時拍照和攝影，留住當下的感動和記錄，影像也可以存在手機、沖洗或傳給其他人分享。底片相機無法即時看到拍攝成果，也無法刪除重拍，在數位相機和智慧型手機出現之後，底片相機和製造軟片的公司也逐漸面臨轉型或被淘汰的命運。

對一般人而言，影像紀錄除了是重要時刻的生活記錄、當下看到的風景、人物照等，在進行田野踏查時也是不可或缺的記錄方式。但日本時代的臺灣，相機是非常昂貴的奢侈品，當時一臺相機的價格等同於一甲水田，並非每戶人家都能輕易擁有。

身爲文史研究及田野調查的愛好者，臺南市文史協會的成員們外出踏查時必須留下影像紀錄，作爲後續撰寫踏查筆記的輔助資料，以及專文的影像說明，於是協會內少數擁有相機的成員就成爲外出踏查的固定班底，例如黃天橫（一九二二—二

○一六）、許丙丁（一九○○—一九七七）等人，因許丙丁身兼數職無法常常一起踏查，這時擁有一臺Rolleicord V Model K3C相機（10.5×9.9×14.6cm）的黃天橫，便肩負起重要的影像記錄工作。

Rolleicord V Model K3C是由德國相機製造商Franke & Heidecke生產的中片幅雙鏡反光相機（TLR），以其影像銳利度和成像品質聞名。Rolleicord系列是Rolleiflex相機中價格較爲經濟的替代品，在業餘攝影師和愛好者中很受歡迎。

一九三三推出的祿萊可德（Rolleicord）是一款比較便宜的相機，它使用比較簡單的物鏡和金屬製的背板，捲底片時依靠按鈕，而不是採用搖臂捲動的方式。當時這臺相機的售價爲一百零五國家馬克（國家馬克是德國自一九二四年至一九四八年六月二十日所通行的貨幣），到一九七六年停產爲止，一共生產了兩百六十九萬九千五百零五臺。

雙反式相機配有兩個鏡頭，頂部鏡頭用於查看圖像、構圖和對焦，底部鏡頭用於拍攝照片，所以其另一特點是配備腰平取景器，讓拍攝者可以利用俯視取景器確認影像，其呈現方式爲上下顚倒的影像。金屬機身讓它具備堅固且精良的結構，不僅提高耐用性，也創造其經典的外觀樣式。

同時滿足精簡外型、堅固耐用又經濟實惠的多重優點，或許就是黃天橫選擇這臺相機的原因吧！

固園黃家的文史控

黃天橫，作爲臺南固園黃家後代，畢業於臺南一中，曾擔任臺灣農產製粉股份有限公司董事長、臺南市第四信用合作社常務監事、理事及顧問。

黃天橫在固園出生、成長，從小耳濡目染伯父黃欣（一八八五—一九四七）和父親黃溪泉（一八九一—一九六〇）的風範，養成喜好閱讀文學、收集文物及書寫文章的深厚文史底蘊，身爲臺南市文獻委員會及臺南市文史協會創始成員，一生累積豐富藏書，爲臺灣文史研究留下珍貴的研究資源。

一九五一年臺南市文獻委員會成立，黃天橫對鄉土史蹟的關心及豐富藏書，受到石暘睢（一八九八—一九六四）和莊松林（一九〇九—一九七四）的肯定，因而被選入成爲最年輕的委員。一九五八年臺南市文史協會成立，黃天橫是發起人之一，也是創始會員。

黃天橫先生經常與文史同好外出踏查，拍攝許多田調影像並悉心整理，留下詳實的田野調查紀錄，黃天橫先生的文字及影像作品曾刊登於《臺南文化》、《南瀛文獻》、《雄獅美術》、《臺灣風物》等刊物。二〇一五年臺南市政府頒發第四屆「臺南文化獎」給黃天橫先生，肯定他對臺灣文史研究及文物典藏的奉獻，並感謝他大方將收藏書籍和文物提供給各界運用的無私精神。

只見其名不見其人

在每次探查行動中，黃天橫常常是負責攝影的人，他的身影會隱身在踏查尋獲的文物、景點、筆記，以及觀景窗之後，我們無法在探查行動的影像中發現其身影，只有透過他在結束田調採訪行程後的筆記內容，才能發現他的名字。

自一九五六年起，臺南市安南區的地方人士出現鄭成功登陸地點之爭，土城仔和顯宮里兩方人士均認爲鄭成功登陸地點在自己的家鄉。一九五六年九月二日，臺南市文獻委員會爲了調查鄭成功的登陸地點，到安南區土城仔和顯宮里踏查。這張在鹿耳門溪畔的留影，旁邊留有黃天橫的親筆註記，他寫下當時參與的成員，以及自己擔任攝影師的身分。

圖 1、黃天橫（右）與堂兄黃天育（1921-1996）（左）於固園合影，當時就讀臺南州立臺南第一中學校（今國立臺南第二高級中學）二年級的黃天橫手裡即拿著一臺相機。（圖片來源：黃隆正）

圖 2、1958 年黃天橫於東京築地。（圖片來源：黃隆正）

臺南市文獻委員會中也各有支持兩派論點的委員，兩方人士也積極徵詢學界人士尋求論證，方豪（一九一〇—一九八〇）在〈敬悼石暘睢先生〉一文中有記錄。一九六二年六月二十四日支持「顯宮派」石暘睢、林勇（一九〇四—一九九二）、莊松林、林條均（一九〇七—一九六三）、江家錦（一八九七—一九九二）、林天宋專程北上與方豪討論登陸地點問題；在他們之前，支持「土城派」的黃典權也曾專程北上訪問方豪，但方豪均謙稱自己所知有限，加上未實地踏查，所以不敢輕下結論，但對於臺南學人愛好桑梓歷史、認眞研究的精神感到敬佩。

一九六四年一月二十三日，方豪來到臺南，受莊松林、黃天橫及林勇邀請到四草和顯宮里踏查，走訪鹿耳門天后宮、老媽祖宮遺址以及鹿耳門溪。方豪說當時隔著溪就能看見土城建立的鄭成功登陸地點紀念碑（碑文現存於鹿耳門天后宮三川門右側壁面）。

一九五六年二月六、七日臺南市文史協會

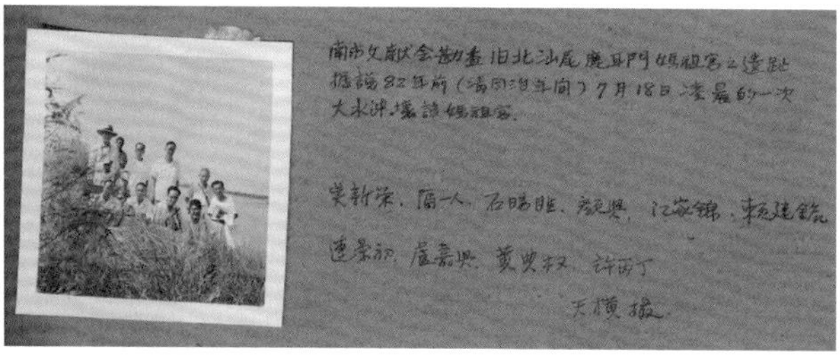

圖 3、1956 年 9 月 2 日，臺南市文獻委員會勘查舊北汕尾鹿耳門媽祖宮遺跡，後排由左至右依序為吳新榮、不知名男子、石暘睢、顏興、江家錦、賴建銘，前排由左至右為連景初、盧嘉興、黃典權、許丙丁，於鹿耳門溪畔合影，攝影者為黃天橫。
（圖片來源：黃隆正）

成員於六重溪進行關於平埔族群的調查研究後，爲了繼續調查平埔族群的分佈與信仰，同年五月二十七、二十八日江家錦、許丙丁、謝碧連、連景初、莊松林、賴建銘、盧嘉興、黃天橫等人，從西阿里關模擬平埔族群的移動路徑，以步行方式翻山越嶺到甲仙，這是黃天橫在探查行動中少數有留影紀錄的一次。

和協會夥伴一起出去的踏查行程，會拍攝廟裡的對聯、石爐、神像、先民的墓碑等等，爲臺南留下許多珍貴影像。但隨時就能拿起相機拍照的黃天橫，有自己喜歡拍的東西嗎？

圖 4、「鄭成功登陸地點紀念碑文」現存於鹿耳門天后宮三川門右側壁面。
（圖片來源：游淳詔）

圖 5、1956 年臺南市文史協會成員甲仙宿泊，於東興旅館前合影，由左至右依序為莊松林、賴建銘、江家錦、謝碧連、盧嘉興、連景初、黃天橫，攝影者應為許丙丁。
（圖片來源：黃隆正）

在黃天橫的手記裡，我們發現了一個小秘密，隱藏在一九六五至一九六七年年間的壁鎖照片和部分壁鎖的手繪圖像。黃天橫對壁鎖的研究熱情，可以在他一九六六年發表〈臺南的壁鎖〉一文中感受到，他的目光停駐在最容易被人忽略的壁鎖，隨著民宅拆除消失的壁鎖，就這樣被他的相機和照片保留下來。

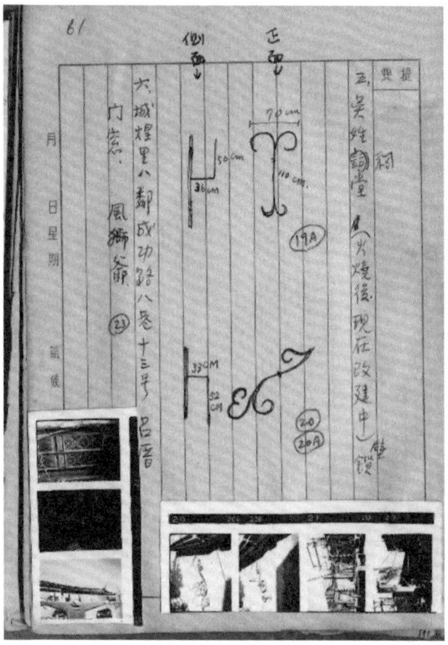

圖 6、1967 年 2 月 19 日黃天橫和莊松林，一起到吳姓祠堂、友愛街民宅、和平街南沙宮東鄰進行壁鎖的調查記錄。（圖片來源：黃隆正）

文史調查的利器

在生活中使用智慧型手機或數位相機留下影像，已經成爲我們的日常，但在相機未被發明前，人們要怎麼留下紀錄或回憶呢？常見的方式是文字、圖畫、雕塑和口耳相傳等；隨著科技進步和世界貿易的交流，臺灣在十九世紀中葉開港通商後，外國的傳教士、探險家、人類學家、生態學家等研究者，就帶著笨重的攝影器材和底片，記錄他們眼中的臺灣樣貌。

日本時代，由政府發起的寫眞帖和動態影像，記錄當時殖民者眼中的臺灣生活景象和風貌，以此作爲政治宣傳和彰顯帝國強盛景象的手段。藉由外國人或殖民者所留下的影像，我們可以看見他們眼中的臺灣或臺南，是帶著好奇、獵奇以及威權統治者的眼光，從人類學和風景攝影的視角記錄當下的人物、動植物和地形地貌。

但從黃天橫和在地文史研究者們所留下的影像中，我們看見的是他們對於自身故鄉的熱愛，想要把握稍縱卽逝的歷史瞬間，深怕錯過就不在的強烈情感，這成爲他們踏遍每一塊土地，探尋每一個角落的超強驅動力，也成就了臺南人如何觀看與記錄臺南的精彩成果。

延伸閱讀

1 國立臺灣歷史博物館，臺南文史研究資料庫，《臺南文化》創刊號至第九卷第三期。
2 國立臺灣歷史博物館，臺南文史研究資料庫，《文史薈刊》舊刊第一至第二輯。

26 Rolleicord V Model K3C 相機

（圖片來源：蘇峯楠）

年代 \ 約西元 1954-1957 年

製造商 \ Franke & Heidecke

使用者 \ 黃天橫

典藏地

黃隆正私人收藏

文物圖解

1. 雙鏡頭：相機外觀為直立式黑色長方體，正前方有兩個鏡頭，上方鏡頭可查看圖像、構圖和對焦，下方鏡頭則用來拍攝照片。
2. 取景窗：相機正上方為取景窗，觀看時會呈現為上下顛倒的影像。
3. 快門和鏡頭：擁有 1 秒到 1/500 秒的各種快門速度，以及長時間曝光的模式，配備 Schneider-Kreuznach Xenar 75mm f/3.5 的鏡頭，但攝影師可能需要使用外部光度計或依賴手動曝光設置，才能如實記錄影像。

再次轉動的生命

撰稿：游淳詔

為他者而動的縫紉機

在臺南北門區的臺灣烏腳病醫療紀念園區內，有一臺特別的勝家牌縫紉機。它的存在，不同於家裡自用或電繡學號的縫紉機，不是爲家人縫製衣服或抹布的工具，也不是商用的生財器具。因爲有它，罹患烏腳病的病患們，能夠再次看見黑暗生命中的光芒。

取代人力的工具

縫紉機的起源，可以追溯到第一次工業革命（約一七六〇—一八四〇），人們的生產與製作方式開始逐漸被機器取代，由工廠進行大規模的生產製造取代人力的手工製造，而縫紉機就在這段期間被發明並逐步進行改良，用來加快製衣工廠的成衣縫製速度和增加生產數量。

勝家牌縫紉機，是艾薩克・勝家（Issac Singer，一八一一—一八七五）於一八五一年設立，一八五三年勝家的第一臺縫紉機在紐約誕生，售價爲一百美元。一八五五年參加法國巴黎舉辦的世界博覽會並獲得一等獎，進而開啟了它在國際市場的銷售通路。

　而勝家和國內腳踏式縫紉機的盛行，來自當時政府的政策，從國共內戰至臺美斷交（一九四七－一九七九）這段期間，美國為了防堵共產勢力，開始提供臺灣、日本等地的軍事、農業、經濟等援助，以維持社會穩定發展。手工藝工場內的縫紉機和美援有什麼關係呢？

一般的家庭經濟來源

　這臺放在園區的縫紉機（頁二八一）的機身上有著人面獅身像、黑色底座繪製著金黃色的葡萄藤樣式，可惜序號銘牌已經遺失，無法確認生產年代和來源。但從機身樣式和基座的金屬樣式，推測可能是勝家一一五型臺灣製的縫紉機，這也是謝東閔在一九七三年到烏腳病防治中心視察後贈送給手工藝工場使用的工具。

　一九七二年，謝東閔（一九〇八－二〇〇一）擔任省政府主席時，他提倡嫁妝

圖 1、1973 年 4 月 19 日行政院長蔣經國、省主席謝東閔、臺南縣長高育仁等參觀手工藝工場。左起管理員張森茂、高育仁、不詳、蔣經國、謝東閔。
（圖片來源：財團法人王金河文化藝術基金會）

要準備「一機二箱」（縫紉機、救護箱和工具箱），正好藉著勝家的設廠和國內縫紉機生產技術成熟之際，謝東閔同步以「客廳（家庭）即工廠」的口號，推動大家利用家中空間作爲代工延伸的生產線，從工廠取得所需要的零件後，加工爲半成品再送回，以極致運用瑣碎時間、空間的手工藝，讓臺灣在面臨石油危機、國際物價飆漲的困境下，靠著代工產業的蓬勃發展，連動帶起中小企業的活力，創造出屬於臺灣的經濟奇蹟。

轉動生機

那坐落在烏腳病手工藝工場的裁縫車，到底是誰在使用？爲了什麼而用呢？又是誰來負責手工場的日常營運管理和貨物銷售？臺灣烏腳病之父王金河（一九一六—二〇一四）將其醫學生涯奉獻給臺灣的烏腳病治療，他長期照顧西南沿海的烏腳病患，主要負責照護病患和看診，也由於他沒有編織的相關經驗，應該無法再抽出時間學習和管理手工藝工場。

這時，在日本學過裁縫的妻子毛碧梅（一九二二—一九九五），自告奮勇承擔這重責大任。出生臺南六甲仕紳家族的毛碧梅，其父毛維麟（？—一九二四）在日本時代曾擔任過六甲庄長（鄉長）和臺南廳參事，大哥毛昭川（一九〇四—一九六三）在日本取得醫師資格後回鄉開業，戰後曾經擔任臺南縣議員，而大姐毛雪（一九一二—一九四二）則是吳新榮醫師（一九〇七—一九六七）的元配。

一九三八年，毛碧梅在臺南二高女（今國立臺南女子高級中學）畢業後，和兄長毛昭川及妹妹毛碧霞（生卒年不詳）一同至日本留學，她進入位於東京的洋裁學院讀書，學習服飾剪裁製作和刺繡，也奠定她日後管理手工藝工場的基礎。一九四二年經由大哥毛昭川和王金河族親王烏硈醫師（一九〇〇—？）的介紹，與王金河醫師結婚，婚後兩人原定長期留在日本發展。一九四三年，因王金河母親病危，兩人決定返臺執業。

圖 2、1967 年毛碧梅在手工藝工場，使用勝家牌縫紉機為藺草蓆包邊。
（圖片來源：財團法人王金河文化藝術基金會）

一九六〇年代，臺灣西南沿海爆發烏腳病疫情，因爲在地民衆不想喝有鹹澀口感的淺井水，就往下挖掘可以飲用的深井水，但水中的砷卻讓很多民衆成爲烏腳病患者。基督教芥菜種會創辦人孫理蓮（一九〇一—一九八三）知道之後，親自到北門了解現況，爲了讓病患擁有良好的醫療照護，在北門創辦免費診所提供烏腳病患者免費醫療和食宿，由王金河負責看診和術後照護，謝緯負責爲病患開刀。

居住在西南沿海的人們，在鹽分高的土地上，只能種植耐鹹耐旱的作物或是當鹽工，依靠身體的勞動生活，無法賺大錢養家活口。當烏腳病患者們受限貧困家境來到免費診所，爲了活下去他們只能選擇截肢，但後續要面對的，是再也無法負擔家中生計的困境。

一九六二年，爲了讓截肢後的病患有自力更生的能力，再次找回對生命的目標，王金河找到中國農村復興聯合委員會（農復會）、臺南縣政府手工業推廣中心和北門嶼基督教會的補助，設立手工藝工場讓病患們可以學習藺草編織。

但補助在八個月後就中斷了，他馬上請孫理蓮協助，從一九六三年開始持續提供病患們免費食宿，讓他們可以在編織的過程中，再次獲得成就感、生活樂趣與希望；直到一九七七年病患被轉診至省政府成立烏腳病防治中心（位於臺十七線旁，現爲臺南市政府社會局附設北門綜合長照機構）後才結束。

當烏腳病患者們編織完草蓆後，負責經營管理手工藝工場的毛碧梅坐在縫紉機前，一手先轉動輪軸，雙腳放在踏板上踩動，再緩緩推動著患者們製作的半成品草蓆，利用布條包住藺草蓆邊緣，完成一件藺草蓆成品，後續就等著集結出貨，或是由毛碧梅帶著藺草包或椅墊，搭乘公車前往各地教會的聚會販售。

在一九六三至一九七七年，這十四年間，病患完成的藺草製品去了哪裡呢？毛碧梅一方面透過一般的百貨公司門市寄賣，銷售地點包含臺南、高雄鹽埕區的大新百貨（一九五三—二〇一〇），嘉義、臺中、新竹到臺北萬華區的今日百貨公司（一九六八—一九九七），由王金河開車陪著毛碧梅由南到北收帳。另一方面，藉著教會婦女會的組織，請牧師娘幫忙推銷，夫婦兩人還曾經在日本東京街上看到自家製作的草蓆，有時候外賓到免費診所參觀時，也會購買病患們製作的藺草製品。

鹽分地帶的鹽之花

在臺南這塊土地上，可以體驗到各種不同的風土，聽到來自不同區域的故事和記憶，毛碧梅用縫紉機讓許多人的生命再次轉動，她和病患們一起攜手打造屬於烏

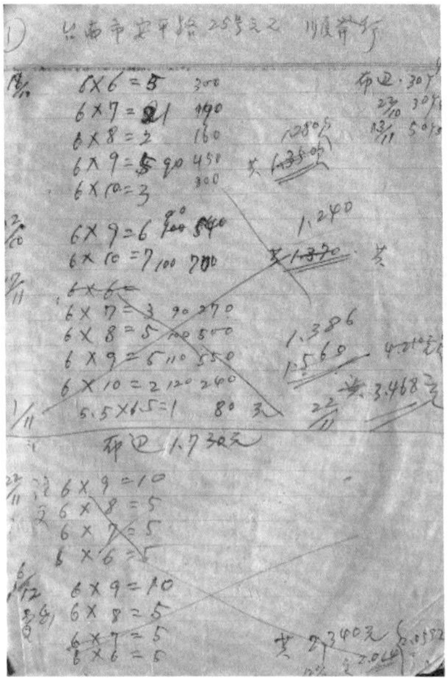
6×6=5
6×7=
6×8=2
6×9=
6×10=3
6×9=6
6×10=7
6×7=3
6×8=5
6×9=5
6×10=2
5.5×6.5=1
6×9=10
6×8=5
6×7=5
6×6=5
6×9=10
6×8=5
6×7=5
6×6=5

圖 3、1966 年位在臺南安平的順發行訂購紀錄，順發行是臺南最常和手工藝工場訂購藺草製品的店家，1965 至 1967 年間共訂購 3,076 件商品。
（圖片來源：財團法人王金河文化藝術基金會）

圖 4、毛碧梅帶著藺草編織成品至教會販售。
（圖片來源：財團法人王金河文化藝術基金會）

圖5、毛碧梅與病患一起在手工場工作。
（圖片來源：財團法人王金河文化藝術基金會）

腳病的另一種記憶，有別於負面和哀傷的情緒，是站在臺南土地上以堅毅的心和雙手，共同面對生命的契機。

這扎根在臺南土地上的故事，即使在又鹹又貧困的土地，即使充滿各種挑戰，臺南人面對困境的無畏精神，還是能夠開出一朵朵生命之花。這是來自臺南人內心因著海洋而生的堅韌，是由這塊土地上人和人之間最合適的溫度孕育而成，如同這擁有熱烈溫度的南方，也能感受到涼爽海風吹拂的舒適感。

延伸閱讀

1王金河口述，陳正美、黃宏森主編，《烏腳病之父王金河醫師回憶錄》（臺南：王金河藝術文化基金會，二〇〇九）。

27 勝家牌腳踏式縫紉機

年代 \ 西元 1963-1966 年

製造商 \ 勝家（Singer）

（圖片來源：游淳詔）

典藏地
臺灣烏腳病醫療紀念園區

文物圖解

1. 縫紉機：機身靠近轉輪處印有人面獅身像，黑色機座表面繪製金黃色的葡萄藤，底座上的銘牌佚失，無法確認生產製造日期。
2. 木製工作桌：中央凹槽可收納機身，側邊延伸的木板可摺疊蓋於木檯上。工作桌下方附有三個收納空間，中央為上下翻轉開啟的長形抽屜，左右各有一個較深的抽屜，可放置裁縫用的小工具。
3. 金屬支架：鑄鐵支架的中央桁架為鏤空的「Singer」商標文字。腳踩網狀鑄鐵踏板後，會帶動機身轉輪上的皮帶，配合單手轉動轉輪，另一隻手穩定推送布料進行縫製。

看板上的一代歌王

撰稿：林森路

這塊長達二點七五公尺、高度一點八三公尺的看板，由三塊板子拼接而成，高度超過一位成年男性，堪稱巨型。看板上宣傳的「文夏音樂城」，就是人稱「寶島歌王」的文夏，一九八〇年代在臺南中國城頂樓開設的卡拉ＯＫ。

也許以現代的眼光來看，中國城、音樂城和手寫歌單點歌型的卡拉ＯＫ顯得相當過時，但如果回到當時的歷史背景，會發現上述的事物，恰恰是當時最新穎的流行。以這個看板作爲媒介，可以看到臺灣流行音樂文化的多元性。

從王瑞河變成文夏

一九二八年，位於臺南麻豆的沈家迎來他們第二個兒子，雖然是姓沈的人家，但因爲母親的娘家沒有子嗣可以繼承，所以這個小孩就隨母姓，取名爲王瑞河。幸運的是，沈家經營「文化布行」，整體家境很不錯，這讓王瑞河有了探索興趣的物質基礎。

他們家是虔誠的基督教徒，王瑞河很幸運加入教會的唱詩班，很快的，王瑞河發現音樂就是自己的興趣所在。在教會認識音樂，這樣的歷程並不罕見，另一位臺南的知名音樂人林氏好，也是因爲在臺南的太平境教會受洗，才得以接觸音樂。

當時的社會風氣，普遍認爲歌手是不入流的職業，但王瑞河的家人並不這樣想，反而願意花錢投資，甚至鼓勵他前往日本，和音樂家宮下常雄學習鋼琴、作曲等專業訓練。苦練音樂的他，學成歸國回到臺灣。這時二戰結束，他進入臺南高商就讀。

回到臺灣的王瑞河，依然每天苦練音樂，根據他的回憶，一天的練習時間往往就有八小時，早上三小時，下午三小時，到了晚上仍不罷休，還會跟同學到臺南運河表演，再唱兩小時。接著就和朋友組成「夜之樂團」，其中有位成員名叫許文龍，後來是奇美集團的創辦人。

王瑞河緊抓每一次表演的機會，除了在運河表演，也會參加音樂晚會，或到中國廣播電臺的臺南臺表演。

就讀高商期間，王瑞河寫出成名曲〈漂浪之女〉，而塡詞的人則是臺南知名的作家許丙丁。許丙丁用極爲優美的字句，描述一位煙花女子的愛情、生命遭遇。根據流行音樂文化研究者洪芳怡的研究，王瑞河的歌唱技巧，也爲這首歌增添了韻味，前段的語氣緩和，對比後段的繁華盡落，但情緒依然暗暗湧動。

這首歌的成功，也讓王瑞河知道自己是可以吃音樂這行飯。從臺南高商畢業之後，他決定以藝名闖蕩歌壇，這時他想起家裡經營的「文化布行」、「文化洋裁店」，想起小時候大家用臺語叫他「文化仔（bûn-huà-á）」，於是取了與文化音近的文夏爲藝名，並且自組「文夏夏威夷樂團」，在臺南各地演出。

從此，文夏成爲臺灣流行音樂史上不可磨滅的名字。

唱出農民的心聲

一九五五年，他在臺灣第一家唱片公司「亞洲唱片」發行了首張臺語歌曲唱片。文夏的走紅，除了奠基於他在樂壇不斷的耕耘，也和當時臺灣的社會氛圍有關。根據陳培豐的研究，一九五〇年代的臺灣，進行一連串的土地改革，大大影響農村的發展，爲數衆多的農民不得不跑到都市討生活。面對經濟剝削與政治的無力感，文夏唱出了他們的無奈。

這時期的代表歌曲，就是〈流浪之歌〉。這首歌的原曲是韓國民謠「放浪歌」，一九三二年日本「國民作曲家」古賀政男（一九〇四—一九七八），將這首朝鮮民謠改編爲日本演歌〈放浪の唄〉，透過哥倫比亞株式會社發行而造成轟動。之後由文夏重新塡詞，他創作的歌詞深深打中了這群在時代、自己土地流浪的人。

文夏精準捕捉到時代氛圍，一九五〇年嗅到臺灣的社會變遷，一九六〇年發現電影和電視的媒介興起。他出演電影《文夏流浪記》系列，成爲臺語片的長青系列作。他也帶著自己訓練的樂團「文夏四姐妹」，四處表演，宣傳電影。

臺語歌的繁榮情況，到了一九七六年受到重挫，由於政府公布《廣播電視法》，規範表演的語言比例，臺語歌在大眾傳播媒體露出的次數急遽減少，使得他必須前往日本巡迴演唱。

在尚未知道是福是禍的情況下，對於時代變遷相當敏銳的文夏，眼光獨到的做了兩項決定，一是投資臺南中國城，二是設置「卡拉ＯＫ」。

從運河盲段到中國城

如果以林百貨爲起點，沿著中正路前進，幾個知名的商場就在附近，如中正路上的銀座通五福商店、曾經搬遷到西門路與中正路交界的醉仙閣、西市場和終點運河盲段。每個商場都代表不同的商業形態，日治時期的林百貨販賣高級舶來品，醉仙閣是臺南著名的酒家菜餐廳，西市場則是販賣生鮮商品、日常用品的場所。

而一九八〇年代興建的臺南中國城，建立於臺南運河的盲段之上，過去曾經是船塢，但隨著時間演變，此處淤積情況嚴重，也迫使政府思考使用的形式。最後市長蘇南成在任內決定，興建一座住商混合的大樓。由建築師李祖原設計，外觀看起來是北方宮殿建築風格，屋頂鋪蓋黃色琉璃瓦，大門的招牌則是用篆體寫成，由右至左是「臺南中國城」。

一九八三年五月十日，中國城盛大開幕，對於中西區的當地居民來說，那天的情景讓人永生難忘。人們驚嘆於這座地上十一樓、地下二樓的龐大建築，很難從現在留下來的外觀照片，想像當時有多熱鬧；裡面最受歡迎的設施，就是太子冰宮，年輕人都會前去冰宮溜冰。

從設計圖來看，中國城的內部天花板挑高，有著各式各樣的商店街、地下街以及大戲院，還有住宅的功能。誇張一點說，如果有心，人們的食衣住行育樂都可以在這裡獲得滿足，裡面的商店也能吸納各式各樣的顧客。

這樣子新潮的商業形式，文夏並不打算缺席，自一九八〇年代結束日本的巡迴演出之後，他進駐中國城後棟的十一樓，相鄰的是由弟弟所經營的「凱薩音樂城」。他與妻子文香共同經營「文夏音樂城卡拉ＯＫ」，內部主題色爲藍色，從營業時間、提供的餐點就知道這是給下班的人放鬆休息的地方，實際上音樂城大多數的客人也是中國城內特許行業的人士。

一九五〇年代，文夏與其他臺語歌手撫慰了在異鄉打拚的遊子。一九八〇年代，臺灣經濟起飛，在紙醉金迷的氛圍下，又有多少人在下班後的夜晚聽著文夏的歌曲放鬆心情，以此儲存明天拚搏的氣力呢？

接著，就是卡拉ＯＫ了，這個新興於一九七〇年代日本的聲音媒介。

沒有人跟著唱，就讓機器唱

聲稱自己是卡拉ＯＫ發明者的人很多，若仔細研究，會發現這些人是在不知道彼此的狀況下，摸索出現在卡拉ＯＫ機器的雛形。根據麥特．阿爾特（Matt Alt）的研究，最早的紀錄應該是一九六七年的根岸重一（一九二三—二〇二四）。根據根岸的說法，自己之所以發行卡拉ＯＫ，是因爲被同事嫌歌唱得太難聽，讓他興起機器伴唱的念頭——至少音調不會走得太誇張。

「卡拉ＯＫ」一詞的由來，是兩個字詞拼湊而成，第一個是「空（から）」，第二個詞是「オーケストラ（orchestra）」前面兩個音節，意思是管弦樂團。兩個詞合在一起的意思，就是無人的管弦樂團，意即用機器伴奏。

前文提到，一九七六年政府頒布《廣播電視法》，大幅減低了臺語歌曲的曝光量。這個法律到了一九九三年才進行修改，解除管制臺語歌的播放次數。在這樣的情況下，大批的臺語歌手、樂團失去工作，就連文夏也必須在日本演出。

但隨著卡拉ＯＫ在日本走紅，進而流行到臺灣。臺語歌曲的傳播，彷彿有了一線生機。不少臺語歌是翻唱日本的流行歌曲，所以如果能夠買到有著日文歌旋律的伴唱工具，就能夠擺脫電視、廣播電臺的禁令，盡情演唱臺語歌了。

很可惜沒有進一步的線索，可以得知當卡拉ＯＫ流行時，在日本演出的文夏是如何看待這個新興媒介。不過，當卡拉ＯＫ的機器、歌曲錄製都相當成熟，在日本突然掀起一股熱潮時，當時身在日本的文夏，一定有機會親身體會這部機器的魅力。也許是懷著這樣的心情以及機器帶來的感動，文夏在中國城開設了卡拉ＯＫ，每天都上臺表演。彷彿重溫了就讀臺南高商時，和朋友在運河表演的時光。

到了一九九〇年左右，文夏頂讓了自己的音樂城。原本新潮的中國城，也隨著更新的百貨公司開幕、周邊建築的開發問題，逐步走向沒落。而原本新奇的卡拉ＯＫ也變得普遍且尋常，許多人三不五時就會和朋友一起到ＫＴＶ歡唱。

唯一不變的是文夏的歌曲，如今除了電視或廣播電臺、唱片，網路的串流媒體上仍然可以找到文夏的歌曲。二〇二二年，文夏過世之後，他的歌聲依舊在不同的媒介裡流傳，對於一生醉心歌曲的文夏來說，或許就是最美好的結局了。

28 臺南中國城文夏音樂城大型看板

（圖片來源：國立臺灣歷史博物館）

年代 \ 不詳

典藏號 \ 2021.024.0001

典藏地

國立臺灣歷史博物館

文物圖解

1. 拼裝：由三塊板子裝訂而成。
2. 卡拉ＯＫ。
3. 中國城：1980 年代的新興商業模式。

不只是美食的虱目魚

撰稿：邱睦容

在臺十七線的海邊，一望無際的漁塭地中，加上所站的臺座也不過二、三公尺高的「虱目魚小子」塑像，是只要車速超越五十公里，就很容易被忽略的存在。但不要看他現在默默站著的樣子，虱目魚小子可是曾以「最醜吉祥物」的稱號在網路上揚名過一段時間，甚至曾一度被要求「整形」。在風波過去以後，現在除了偶有觀光客停下來拜訪，他也曾露臉於幾部電視劇中，儼然成爲當地地景的一份子，以在地人的姿態安頓了下來。

最早吃魚的人

根據「虱目魚小子」設計者的說法，之所以選擇虱目魚作爲社區的入口意象，是因爲它是社區最具代表性的養殖魚類。放眼全國，在養殖面積和產量上，臺南的虱目魚甚至可說是臺灣第一。

但撇開亮眼的養殖數字，說起虱目魚，一碗冒著熱氣的虱目魚粥，一盤香煎虱目魚肚，甚至是被稱爲隱藏版美食的乾煎虱目魚腸，可能才是大家對它的主要印象。

一尾成魚重量可達一到一點五公斤，虱目魚憑著體積碩大的優勢，只要克服它多刺的特性，從魚頭到魚腸，不同部位都能被充分利用；至於不易直接烹調的雜肉，則可透過加工技術作成魚丸，再搭配熬湯、乾煎、油炸等烹調手法，成爲臺南著名的小吃主角。但在「成爲」小吃前，這段吃魚的歷史是從何時開始的？

虱目魚最早出現在歷史文獻，是在清領臺灣後所編纂的第一本府志《臺灣府志》，在本地物產的介紹中，便提及：「麻虱目水波化生，倏而大，倏而無，其味極佳」，並且其養殖是在「草坪五塭」中。麻虱目卽虱目魚，而第一本地方志書《諸羅縣志》也寫到「魚塭中所產，夏秋盛出。鄭氏時，臺以爲貴品」，其中也寫道由於鄭經愛吃虱目魚，使得虱目魚有了「皇帝魚」、「國姓魚」的稱號。

雖然史料沒有記載鄭經是如何享用虱目魚，但從「魚塭」、「盛出」等記述，可推斷在鄭氏時期已有虱目魚養殖。養殖漁業牽涉到魚苗捕撈、興築魚塭等技術，對於魚類的生物特性也要有一定程度的認識。這些知識不會憑空而來，歷史學家鄭維中推測，是活躍於東南亞地區的鄭氏王朝人員，與虱目魚養殖區的印尼東爪哇交流，帶回了養殖技術，再加上軍隊對於蛋白質有需求，在這樣的背景下，促成虱目魚在臺灣落地生根。

國際化的名字

虱目魚來臺的複雜身世，從它的名字便可略知一二。

不是只有臺灣人吃虱目魚，菲律賓、馬來西亞、印尼、夏威夷地區的人們不只吃虱目魚，也各自給了它專屬的名字，菲律賓稱作 Sabalo，馬來語和爪哇語系統稱作 Bandeng，夏威夷稱作 Awa-Awa，從字面上來看，與臺灣「虱目魚」發音最近的，是菲律賓語的稱法。

既然前述歷史學家推論虱目魚的養殖技術是從印尼東爪哇而來，那麼爲什麼在臺灣，虱目魚不是跟著爪哇語系統稱爲 Bandeng，而是菲語的 Sabalo 呢？這與當時臺灣跟鄰近地區的交流有關。在爲一項新事物命名時，往往會沿用著輸入端的說法，Sabalo 的發音，說明了早在鄭氏時期開始養殖前，可能就透過荷蘭時期活躍在海上的唐人市民們，學習到當時馬尼拉住民的稱法，這也與當時「海上行話」的主要語言西班牙語、葡萄牙語，對於虱目魚的稱法相同。

因此卽便養殖技術是後來向印尼東爪哇學的，馬尼拉的 Sabalo 稱呼仍被保留下來。漢字借用這個發音，寫成了「麻虱目」、「虱目」，成爲虱目魚的名字由來。十七世紀在臺灣居住、移動的人口，與周邊地區的互動交流程度，或許遠多於今日的想像。

餐桌上的虱目魚

從荷蘭時期的初嚐滋味，到鄭氏時期引入養殖，虱目魚總算在臺灣落地了，但虱目魚與府城早餐的密不可分，則要從入清後的一場風災說起。

一八二三年（道光三年），一場大風雨使得曾文溪上游（當時稱「灣裡溪」）改道，不僅讓下游與海岸接壤的臺江內海淤積，也讓南部西岸由北到南浮出了一大片一大片的鹹水池，這正好是虱目魚塭的興築條件，成爲安平一帶養殖虱目魚的開端。一九〇三年（明治三十六年）的水產調查報告書記載，安平效忠里一帶（今安平區與部分安南區）有著五百餘甲虱目魚塭面積的紀錄，至日治中期的報紙，記載安平爲主產地，因此虱目魚有著「安平魚」之稱。緊鄰著主要的消費地區府城，漁獲得到了產地直送的條件，或許這是虱目魚料理走入府城人餐桌的開端。

而在西部沿海七股、學甲、將軍、北門一帶，人們也沿著海岸興築魚塭。生活在將軍的文人吳新榮（一九〇七—一九六七），便曾與家族親友在將軍溪南開闢「大道公塭」（今學甲謝厝寮一帶），進行虱目魚和草蝦的養殖事業。捕撈起來的虱目魚，是他作爲「伴手」贈予友人的物品；若拿來自己食用，加酒煮成虱目魚湯、曬作虱目魚乾，或煮成虱目魚麵線，都是吳家的日常吃法。

圖 1、虱目魚肚粥。
（圖片來源：蘇峯楠）

有時，虱目魚也不只是一道餐桌上的料理。在戒嚴時期的一則日記中，吳新榮寫道「我們以虱目魚煮麵線，各人都滿吃這鄉味及家情。對國家不能如意，對社會非無失望，我們只好找家庭來樂人倫，這是空白時代的唯一辦法。」咀嚼在口中的虱目魚，滋味借代了無法言說與寫下的情緒。

觀光美食虱目魚

從現今的角度來看，虱目魚已經不只是專屬府城居民的庶民飲食，也是臺灣人共享的觀光記憶。

是從什麼時候開始，虱目魚成爲臺南的代表性小吃之一呢？在一九五四年的《臺南文化》季刊，所刊登的一篇〈虱目魚粥〉文章，提及虱目魚在市民生活中的場景：

臺南市康樂市場。食肆繁多。不勝枚舉。然以虱目魚粥一道。獨擅其美。法以虱目魚為主。斬切成脯。佐以蝦乾香菇豕肉葱筍及極稀化粥。誠為清晨點心。適口充腸俊品。此家僅售外辰巳三時。逾午立告罄缺。

除了康樂市場，中央市場（今國花大樓）、石精臼，也都各有販售虱目魚粥、虱目魚湯的名店。儘管當時人工育苗技術還未被研發，魚價常不時傳出「上市價高，主婦欲購乏力」、「比豬肉還貴」的聲浪，但一碗熱騰騰的魚湯與魚粥，仍是府城人習慣的早餐。

這樣的習慣，隨著一九七〇年代各縣市陸續開展地方觀光，而被更多遊客所認識。一九七五年臺南市政府曾推出「臺南觀光年」，那一年的一月一日到十二月二十五日，陸續辦理市政建設展覽、文物展覽、龍舟賽、花燈展覽、國產品展覽等活動，並趁機整修億載金城、赤崁樓、安平古堡、大東門、延平郡王祠等名勝古蹟，今日熟悉的觀光場景如安平古堡瞭望塔、億載金城的古砲，也都是當時一併完成的建設。在觀光年來到臺南的遊客，據統計有兩百多萬人，而車站的進出人數也達到同期的一點六倍，當時造訪的遊客就像今天的我們一般，不免俗地跟著在地人吃吃喝喝，而虱目魚的滋味，或許就從此烙印在味蕾之中。

成為「虱目魚小子」

虱目魚小吃已成爲定型的臺南觀光印象，二〇一五年悄悄立在北門永隆社區的入口意象，則爲虱目魚增添了新的形象。

被冠上「最醜吉祥物」的虱目魚小子塑像，意外地讓以往只默默出產虱目魚的濱海社區一時聲名大噪，但在這個被議論紛紛的外型背後，其實是偏鄉社區對於當代自身定位的再塑造。

百年來，人們在北門沿海一帶，傍著急水溪、八掌溪等河流淤積的潟湖圍築漁塭，讓臺南站上全臺虱目魚產量的頂端，但產業結構變化、人口外流，也同樣衝擊著社區；爲了增加地方特色，社區發展協會找了年輕設計師，在人車來往的公路旁設計入口意象。

外界看到的是塑像的古怪造型，但難以看見的是地方寄託在吉祥物上的期許，「虱目魚小子的設定是社區的一個小朋友，因爲住的地方人口老化，所以他想將最驕傲的虱目魚產業發揚光大，活絡社區。頭戴虱目魚頭，是要宣傳魚頭的營養，然後披著大家最喜歡吃的虱目魚肚，雙手朝天從海裡衝出來，很有活力的樣子。」設計師陳侑忻說明。

而同樣不爲人知的，是虱目魚小子的眼球、鼻子、嘴巴，乃至斗笠換成草帽、

圖2、虱目魚小子塑像基座，為馬賽克拼貼，中間有虱目魚、蝦子、蚵仔等在地物產。
（圖片來源：邱睦容。）

手勢的修改、少了一筆的「虱」，也是設計師與在地師傅協作的結果。「師傅的工廠是在海線，平常也會接廟宇工程，像是用 FRP（玻璃纖維）做廟的牌樓、石獅、藻井天花板那些，所以比較重視人物的立體。他看到設計稿後，就熱心地幫我加了很多東西，我也覺得不錯，就同意他來改。」可以說，虱目魚小子是年輕設計師與廟宇美學交會的成果。

就算再古怪，虱目魚小子仍然受到在地居民的關心。「批評的新聞出來之後，主管機關就希望趕快改善，增加一些海洋元素進去，基座海洋世界的馬賽克就是和社區志工一起黏的，花了快兩個禮拜的時間。一邊黏馬賽克時，大家也會一起討論新聞，

『報得太誇張了』、『其實蠻可愛的』，比較是在地居民的想法。」陳侑忻回憶。

「後來馬賽克被主管機關認爲在地元素不夠，我又做了在地養的虱目魚、蝦子、蚵仔上去，半夜趕工時，敲敲打打的聲音驚動到附近居民，可能想說是有人要來破壞虱目魚小子，居民擔心之下立刻打電話給警察局，警察就一路從學甲趕過來。」

烏龍的破壞風波反映了虱目魚小子在居民心中的地位。從百年前到今天，無論是協助社區振興的「虱目魚小子」塑像，還是府城人想像鄭氏父子嗜食的「國姓魚」，或見證昔日養殖榮景的「安平魚」，悠遊於臺南沿海大片魚塭中的虱目魚，不分四季地出現在每一天的餐桌，作爲早餐、點心、正餐的主菜，早就不只是補充蛋白質。碗裡盤間的虱目魚，魚塭旁站立的虱目魚小子，對人們來說，是連接著府城、西部沿海一帶耕海的記憶，也是遠望著未來、寄予希望的存在。

延伸閱讀

1 蘇峯楠，〈虱目魚〉，《行走的臺南史》（臺北：玉山社，二〇二〇）。

29 虱目魚小子

（圖片來源：邱睦容）

年代＼西元 2015 年

設計者＼陳侑忻

典藏地

臺南北門

文物圖解

1. 虱目魚肚披風：一格一格的虱目魚皮、乳白色的魚肉也都被畫出來，因為是整隻魚最營養的部分，所以被當作披風。
2. 衣服上的「虱」：少了一筆的「虱」，這個電腦也打不出來的字，出自工廠師傅的手筆，是筆誤而不小心出現的特殊字。
3. 手勢：原設計是兩手向上平舉，像是從海裡衝出來，在工廠師傅的「加工」下，改成一手比 YA 一手向上，用來歡迎每一個訪客。

如果老師得了肺炎會發生什麼事？

撰稿：葉萱萱

圖 1、創作疫情聯絡簿的麻豆國小師生們合影，這張照片也變成聯絡簿的封底。
（圖片來源：COVID-19 圖片蒐集網）

二〇一九年末，COVID-19 肺炎嚴重影響了我們的日常，戴口罩、噴酒精、量體溫變成了每日必備的習慣。

在大疫蔓延的日子裡，一場有趣的藝術行動悄悄在麻豆國小的校園裡發生，麻豆國小師生們在防疫之餘，開始以每日親、師、生溝通的聯絡簿作爲媒介，以日常的寫作記錄了這段校園內的防疫歷程，「穿梭時空的聯絡簿：班級小書集體創作」就此展開。

穿梭時空的聯絡簿

一〇八學年度第二學期（二〇二〇年二月）就要開始，但因爲 COVID-19 肺炎的侵擾，中央研議高中以下的學校都延後兩週開學，老師也漸漸得採用線上方式教學。而在麻豆國小，文化體驗課程的教學藝術家林玉婷透過一學期十二堂課，和麻豆國小五年丙班的武君怡老師合作，將家庭聯絡簿改版成「疫情聯絡簿」，重整孩子們的疫情日記。翻開聯絡簿，天眞直白的語調躍然紙上，例如期待運動會和校外教學如期舉辦、想念沒有疫情時在教室煮泡麵的滋味、或是終於可以去學校不再無聊了……等的小學生紀實。

這些有趣的日記內容經過集結重製後，成爲一本新的「防疫聯絡簿 1.0」（頁三〇八）。封面上也帶有巧思，長頸鹿和動物角色們戴起了口罩，共同防疫。類似的行動不止於此，老師們請學生進一步訪談與校園生活相關的人士，有校長、工友、護士阿姨、早餐店老闆等，請他們以「回想那一天」爲題寫下疫情心得，最後一起放進聯絡簿，成爲「防疫聯絡簿 2.0」。而這本聯絡簿也透過導師協力，以新書發表會的方式於畢業前在校園中發表。

除了校內行動，林玉婷老師透過網路得知國立臺灣歷史博物館（以下簡稱「臺史博」）同步蒐集肺炎相關資料的「Covid-19 物件蒐集計畫」與「防疫的日常風景圖片蒐集行動」計畫，因此他寫信到臺史博詢問物件捐贈，也以網路典藏的方式將

圖 2、臺史博的臺史博「COVID-19（武漢肺炎）防疫物件、圖片蒐集計畫」
（圖片來源：COVID-19 圖片蒐集網）

九張聯絡簿資料照放上網路。最後這本「疫情聯絡簿」實體更捐至博物館，師生們相約十年後[8]，也就是二〇三一年，再來博物館共同回顧這堆聯絡簿。

如今回想起來，每天戴口罩的日子好像才剛過去不久，但疫情剛來襲時人心惶惶或是注射疫苗的點滴，許多細節好像已然淡忘，疫苗接種紀錄卡早就不知扔去哪裡了。若以官方紀錄來計算防疫的日子，我們一共走過了一千一百九十四個防疫日常。中央流行疫情指揮中心也終於在二〇二三年五月一日這一天完成防疫任務解編，COVID -19調整爲傳染病，大家迫不及待的迎接疫後新生活，曾經險峻的防疫日常也逐漸淡去。

「本平臺將停止收件，感謝您的支持。」

臺史博「COVID-19圖片蒐集網：防疫的日常風景」網站上，最後一筆消息停留在二

○二三年四月十日這一天。疫情聯絡簿只是這個網站所徵集物件的三百分之一。而十年後，這群麻豆國小師生們重返臺史博的「聯絡簿之約」，勢必會再為這大疫之年所做的紀錄和博物館的徵集，帶出新的詮釋與擾動。

回想疫情期間的臺南

為了回想疫情期間的日常，重新點閱「COVID-19圖片蒐集網：防疫的日常風景」網站，翻閱這本線上的「疫情聯絡簿」，回憶瞬間拉回疫情中的臺南校園生活，大概所有的師生都經歷過口罩不離身、量體溫入校園、營養午餐改為個人飯盒不再共餐，甚至是後來的視訊上課、假期延長、畢業典禮取消等與確診者隔離的狀態。

除此之外，在廟宇眾多的臺南，慶典儀式或與信眾溝通的方式也因疫情改變，其中三郊營仔腳朝興宮溫陵廟的「防疫公告」就寫出天上聖母的聖諭，諸多活動待疫情稍歇後再恢復，這張公告也被臺史博採集回館，變成博物館的典藏品之一，見

註8「「COVID-19（武漢肺炎）防疫物件、圖片蒐集計畫」負責人曾婉琳說明，在臺史博「當代資料蒐藏管理要點」中：「當代資料原則應每十年進行檢視，並篩選合適資料提送本館文物評估初審會議審議轉列蒐藏品、註銷或另作他用。」所以這十年間，「疫情聯絡簿」先由臺史博保存、展示、研究，十年後麻豆國小師生再訪時，可再與博物館共同評估是否成為館內的正式典藏品。

證大疫之年人神溝通的歷程與動態。

還記得疫情期間開車途經臺南街頭，除了停辦大型活動、開始居家辦公、小吃店家們不能照常營業、街上遊客明顯變少等情景，街頭上也出現了一些有趣的告示。除了原先就有的掃描實名制條碼，噴酒精量體溫和店外等候的標示外，忽然在幾間平時會光顧的熟悉小店前看到了「疫情退散」八仙彩，原來是在地漫畫家 **Tainan** 黑名提供的免費索取小物，送給商家們祈禱疫情快快過去。

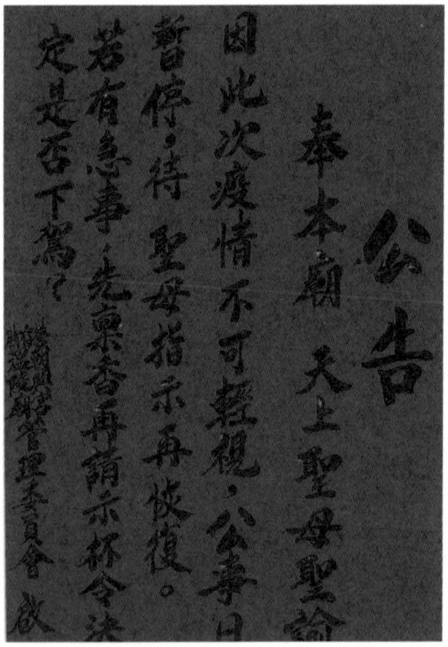

圖 3、溫陵廟的防疫公告成為臺史博的當代典藏之一。
（圖片來源：國立臺灣歷史博物館）

而從友愛街拐個彎，走向永福路二段，可以在全美戲院的對街角看見顏振發老師傳的電影看板作畫工具；疫情間停播的戲院，沒法看到平時頻繁進出換電影海報的懸吊車，但你會見到一幅「巨作」。長十六點四公尺，寬五點五公尺的「全球抗疫」大扛棒被跨上戲院門口，七名巨星戴上七彩口罩，共同和臺南這座城市一起防疫。

共筆臺南：今天的生活就是明天的歷史

疫情期間，每日生活重點就是防疫記者會、疫情足跡簡訊或自主隔離，這些隔絕造成的距離讓原先的溝通方式有了改變，細細觀察臺南市街，就可以發現許多因這個隔離而開啟的新形態社會溝通，比如校園聯絡簿變身的防疫日記、宮廟口的聖諭告示、小店裡的疫情退散八仙彩掛飾，或是電影院前的戴口罩群星大看板。

歷史可以是生活（Living History），也可以是活生生的（living）。這些在當代以行動呈現的防疫日常詮釋，也都在爲臺南的城市歷史，描畫了更深刻的文化意義。

圖 4、2021 年 3 月疫情期間，全美戲院前掛上了「全球抗疫」主題看板。此概念由全美戲院負責人吳俊漢構想，顏振發繪製。
（圖片來源：今日全美戲院）

延伸閱讀

1 曾婉琳，〈在瘟疫蔓延下更應寫作：回應 COVID-19 快速蒐藏的疫情寫作計畫〉（上）（下）（臺南：國立臺灣歷史博物館，二〇二二）。

2 國立臺灣歷史博物館，《看得見的臺灣史・人間篇：30件文物裡的人情與世事》（新北：聯經出版，二〇二三）。

30 麻豆國小五年級學生疫情聯絡簿

開學第一天（2020 年 2 月 25 日），學生在聯絡簿上記下疫情現況，期許快點恢復日常。整學期的疫情大事記，也被老師放進疫情聯絡簿裡。

（圖片來源：國立臺灣歷史博物館）

年代 \ 西元 2020 年

製作者 \ 麻豆國小師生

典藏地

國立臺灣歷史博物館

文物圖解

1. 聯絡簿封面：「家庭聯絡簿」封面原印有長頸鹿與小狗，在經過「疫情計畫」改製後，動物們都戴起口罩，聯絡簿搖身一變成為疫情日記。
2. 聯絡簿內容：小朋友在聯絡簿中的紀錄讓疫情間的校園生活變得立體，也如實記錄了疫中日常，成為今日我們一窺大疫之年的史料之一。

特寫

臺南的名字——從大灣、臺灣到臺南

曹銘宗

「臺灣」這個地名，最早是指臺南，其名從何而來？又是什麼意思？

十七世紀，臺南西部海岸與外海沙洲之間是一座大潟湖，有文人雅稱「臺江內海」。今臺南市的安平區，當時是七個狀似鯨背相連的大沙洲，合稱「七鯤鯓」，分稱一至七鯤鯓。其中只有一鯤鯓、二鯤鯓、三鯤鯓在今安平區，其餘分別自今南區與高雄市茄萣區。至今，臺江內海大部分的水域早已淤積爲陸地。

當年往來此地的華人，主要來自福建，由於有漳州、泉州、福州等地的方言差異，對此地的地名有「大員」、「大圓」、「大灣」、「臺員」、「臺灣」等發音相近但用字不同的寫法。一六〇三年，福州連江文人陳第發表的臺灣遊記〈東番記〉，就稱之「大員」。一六六一年，鄭成功勢力進駐後，「臺灣」成爲主流地名。

這個地名的由來，日本時代有日本學者認爲源自臺南原住民西拉雅語，但無法得到驗證。根據荷蘭時代（一六二四－一六六二）的紀錄，則提供了更具有說服力的答案。

當年荷蘭人初到臺南外海的一鯤鯓沙洲，那裡無人居住，鄰近的北線尾沙洲（今四草溼地）則有幾間漁夫的草寮，只有臺江內海對岸陸地才有原住民、華人、日本人的聚落。後來，荷蘭人選擇在一鯤鯓沙洲建立行政中心熱蘭遮城（今安平古堡）。

根據荷蘭人的測量紀錄，當時臺江內海是一個大海灣，荷蘭文寫作 Groote baye（即英文 Great bay）。荷蘭人根據當地華人的發音，在地圖上把臺江內海的位置標示爲 Tayouan。據此推論，當時華人稱臺江內海一帶爲「大灣」。

從荷蘭古地圖來看，當年船隻從一鯤鯓沙洲與北線尾沙洲之間的水道開進去，就會看見臺江內海的「大灣」。

「臺灣」之名可能源自「大灣」，也增添了歷史想像。遙想當年，多少因閩粵原鄉窮困而前來臺灣討生活的移民，都會看到臺江內海的大海灣，彷彿迎向母親張開雙臂、充滿溫暖的懷抱。

一六八四年（康熙二十三年），臺灣納入中國版圖，在福建省之下設立「臺灣府」，「臺灣府城」位在今臺南市區。此後，「臺灣」之名逐漸從臺南擴大為整個臺灣的稱呼。

那麼，「臺南」這個地名又從何而來？當臺灣變成整個臺灣島，才有東、西、南、北、中的方位地名，但這五個地名並非同時出現，而是在清末以後才陸續命名。先有臺北，再有臺南、臺東，日本時代有了臺中，戰後才有臺西的小地名。

清代中期以後，臺灣政經重心由南部轉向中部、北部，出現「一府二鹿三艋舺」的說法。一八七五年（光緒元年），在「臺灣府」之外增設「臺北府」，此時出現「臺北」地名。

一八八五年（光緒十一年），臺灣建省，設「臺北府」、「臺灣府」，「臺灣府」轄區只到臺灣的南部與中部。

一八八七年（光緒十三年），臺灣省設三府：「臺北府」、「臺灣府」、「臺南府」，「臺灣府」只管轄臺灣中部，「臺南府」則管轄臺灣南部，此時才出現「臺南」地名。

◆ 器物年代記事

年代	大事記
5,000-4,200 年前	• 新石器時代早期（大坌坑文化）。
4,200-3,300 年前	• 新石器時代中期（牛稠子文化）。
3,300-1,800 年前	• 新石器時代晚期（大湖文化）。
1,800-500 年前	• 鐵器時期（蔦松文化）。
1609 年	• 荷蘭東印度公司被允許在日本平戶建立商館。
1622 年	• 荷蘭東印度公司攻打葡萄牙統治下的澳門，失敗後再度占領澎湖，並開始建設在風櫃尾的城堡。
1624 年	• 明帝國攻擊澎湖，荷人拆城放棄風櫃尾據點，將資源移到大員建設城堡，稱之為「奧倫治」城。
1626 年	• 東印度公司阿姆斯特丹總公司下令將城堡改為「熱蘭遮城」。
1626 年	• 西班牙人開始在基隆建設聖薩爾瓦多城（Fort San Salvador）
1628 年	• 「濱田彌兵衛事件」發生，日本商人濱田彌兵衛綁架東印度公司臺灣長官彼得．奴易茲（Pieter Nuyts）。

1636 年 5 月 26 日	• 荷蘭人於新港社開設第一所學校教授原住民新港文書。
1661 年	• 康熙帝登基，發布禁海遷界令以斷鄭氏財源。 • 鄭成功南京之役大敗，退守廈門、金門。 • 鄭成功攻擊大員。
1662 年	• 荷蘭東印度公司撤離，鄭氏政權占領大員。
1683 年	• 鄭氏政權最後一任延平王鄭克塽降清，臺灣進入清帝國時期。
1684 年	• 施琅捐款將原明寧靖王府改為大天后宮，以媽祖信仰強化清國統治與民間的連結。
1721 年	• 朱一貴事件爆發。清國在臺的官員開始思考在臺建設防衛性城牆。
1725 年	• 臺南府開始築木柵城牆，「府城」的概念與範圍漸漸形成。
1858 年	• 英法聯軍簽訂天津條約增開臺灣（今臺南安平舊港）、淡水、打狗（今高雄港）、雞籠（今基隆港）四通商口岸，規定各埠成立劃一的海關。
1858 年	• 允許傳教士來臺宣教、行醫。
1858 年 6 月	• 大清國與俄國、美國、英國、法國分別簽訂《中俄天津條約》、《中美天津條約》、《中法天津條約》、《中英天津條約》及《中英通商章程》。
1858 年 7 月	• 德川幕府與美國簽訂《日本國美利堅合眾國修好通商條約》。

1871 年 4 月	• 約翰・湯姆生（John Thomson）於左鎮一帶留下了系列平埔聚落影像紀錄。
1874 年	• 「牡丹社事件」造成國際開始關心臺灣權屬問題。隔年俄國海軍准尉保羅，伊比斯到臺灣記錄下西拉雅族的公廨。
1918 年	• 西班牙流感由基隆傳入臺灣，總督府發起戴口罩、避免集會等隔離政策，但仍有餘四萬人死亡。
1926 年	• 陳春木於菜寮溪首次發現化石。
1930 年	• 嘉南大圳完工後是當時亞洲第一、世界第三大水庫。採至今仍是世界少見的半水力填充式工法，主材料是黏土層、砂礫、大小卵石等，僅使用少量水泥。
1932 年 12 月 5 日	• 臺南第一間百貨公司「林百貨」開幕。
1933 年 2 月	• 聲樂家永井郁子訪臺。
1936 年 2 月 28 日	• 畫家潘元石出生。
1939 年 9 月 1 日	• 第二次世界大戰爆發。
1940 年代	• 國分直一針對西拉雅族進行一系列文史調查與記錄。
1945 年 3 月 1 日起	• 美軍於二戰尾聲對臺灣進行大規模轟炸，臺南遭受大空襲傷亡慘重。

1946 年	• 霍亂由中國傳進臺灣南部，嘉義布袋一帶全面封城，疫情直到八月因施打疫苗才逐漸受控。
1963 年	• 副總統兼行政院長陳誠在美援運用委員會會議指出，「以農業為經濟基礎，工業化為努力目標」為當前經濟政策。 • 行政院政務委員兼國軍退役官兵輔導委員會主任委員蔣經國應美國國務院邀請，訪美十天，會見美國總統甘迺迪，會談雙方共同關切問題。蔣經國二度訪美，謀求美國支持、諒解，探索美方底蘊。
1963 年 4 月 2 日	• 美國總統甘迺迪於援外咨文中，要求協助自由亞洲對付中共侵略，並盛讚臺灣利用美援之成就。
1963 年 9 月	• 美援運用委員會改組，更名為「國際經濟合作發展委員會」。
1963 年 11 月	• 建築師貝聿銘設計之東海大學路思義教堂落成。
1963 年 11 月 22 日	• 美國總統甘迺迪遇刺。
1966 年	• 臺南縣市文獻委員會委員，赴六甲踏查蔣鳳墓時與蔣鳳墓誌銘合影。
1966 年	• 臺南市西市場發生大火，火勢延燒四小時後才撲滅，造成西市場一帶十八間房屋全燬，六間半燬，損失一千零五十八萬元，並有一人死亡。
1966 年	• 中國大陸內部權力鬥爭日益劇烈，陷入混亂，「紅衛兵」以造反為號召，破壞傳統文化。

1966 年	• 最小巧的 35mm 底片相機 Rollei 35 誕生。
1998 年 6 月 26 日	• 臺南市政府指定林百貨為市定古蹟。
1995 至 2010 年	• 南科園區考古發掘出圓形陶甕（甕棺）。
2003 年	• SARS 席捲全球，臺北市立聯合醫院和平院區因此封院，造成七名醫護人員殉職。
2009 年	• 新型流感 H1N1 於臺灣大流行。
2014 年 4 月 29 日	• 在鄭成功文物館舉辦的「湖漾巴圖——大湖文化特展」，以三百餘件史前出土文物的考古文物作為展示物，當時臺灣唯一完整展出代表器物「巴圖形石器」的展覽，五指劍首度在此展曝光。
2014 年 6 月 14 日	• 林百貨重新開幕。
2019 年 1 月 21 日	• 由武漢返臺的臺商確診 Covid-19，成為臺灣確診首例。
2022 年 9 月 22 日	• 畫家潘元石過世。
2022 年 10 月 28 日	• 西拉雅族經大法官釋憲正名成功。
2023 年 5 月 1 日	• 中央流行疫情指揮中心完成防疫任務解編。

◆參考資料

•從陶甕見到遠古的富饒臺南

圓形陶甕（甕棺）

1張瑞津、石再添、陳翰霖，〈臺灣西南部臺南海岸平原地形變遷之研究〉，《師大地理研究報告》二十六（臺北：國立臺灣師範大學，一九九六）。

2劉瑩三、劉益昌、許清保、顏廷伃，〈晚期全新世以來臺南地區海岸線變遷初探〉，《二〇〇八年臺灣考古工作會報》（南港：中央研究院歷史語言研究所主辦，二〇〇九）。

3高祥雯，《荷據時期大員的空間變遷》，國立成功大學建築研究所碩士論文，二〇〇七。

4劉益昌、許清保、吳建昇、郭俊欽、王柏喬、薛鼎霖，《臺江國家公園及周緣地區人文歷史調查及保存規劃研究》，臺江國家公園管理處委託社團法人臺灣打里摺文化協會之研究報告。

● 來自山豹部落的新娘服

左鎮新娘服

1 陳怡菁，〈牽起平埔家族記憶：新娘服〉，《南博萬》（臺南：臺南市政府文化局，二〇二三）。

2 陳春木，《臺南地方鄉土誌》（臺北：常民文化，一九九八）。

3 陳柔森，《重塑臺灣平埔族圖像》（臺北：原民，一九九九）。

4 王子碩、段洪坤、曾繁娟，《迢迢織路：臺南四百年來紡織工業發展與演變》（臺南：臺南市政府文化局，二〇二二）。

5 黃叔璥、宋澤萊、詹素娟，《番俗六考：十八世紀清帝國的臺灣原住民調查紀錄》（臺北：前衛出版社，二〇二一）。

● 善惡難分的鬍鬚男

鬍鬚男陶壺碎片

1 李德河、傅朝卿、劉益昌，《王城試掘研究計畫（二）及影像紀錄期末報告》，行政院文化建設委員會指導、臺南市政府委託之研究報告，二〇〇六。

2 HEES, C.V., 2002. *Baardmannen en puntneuzen.* Zwolle: Waanders [u.a.].

3 KELLER, Christoph 2023. Global distribution map of Rhenish stoneware during the 16th to 18th century (1.0) [Data set]. Zenodo. https://doi.org/10.5281/zenodo.7516266

4 Ostkamp, Sebastiaan 2009. "The world upside down. Secular badges and the iconography of the Late Medieval Period: ordinary pins with multiple meanings", *Journal of Archaeology in the Low Countries*, p1-2.

• 見證國際貿易與原住民信仰的神秘瓷壺

云友款安平壺

1 國分直一，《壺を祀る村：南方臺灣民俗考》（東京：三省堂，一九四四）。

2 潘英海，〈祀壺釋疑─從「祀壺之村」到「壺的信仰叢結」〉，收錄於潘英海、詹素娟主編，《平埔研究論文集》（臺北：中央研究院臺灣史研究所籌備處，一九九五），頁四四五─四七四。

3 謝明良，〈安平壺芻議〉，《國立臺灣大學美術史研究集刊》第二期（一九九五）。

4 李珺，《從淇武蘭出土安平壺看十七世紀東亞與東南亞間海上貿易網絡》，國立臺灣大學藝術史研究所碩士論文，二〇二一。

5 劉益昌，《歷史的左營腳步》（高雄：高雄市政府文化局，二〇一九）。

6 劉益昌，《國分直一與臺南：不是灣生的灣生》（臺北：蔚藍文化，二〇二一）。

7 朱鋒，〈宋硐（安平壺）〉，《臺南文化》第二卷第一期（一九五二），頁五一—五二。

• 在沙丘上遙望世界的貿易瓷

江西景德鎮卡拉克瓷盤

1 Ketel, Christine Louise. 2021. Dutch demand for porcelain: The maritime distribution of Chinese ceramics and the Dutch East India Company (VOC),first half of the 17th century.（荷蘭萊登大學的博士論文）

2 Rinaldi, Maura, 1989. *Kraak porcelain: A Moment in the History of Trade*. London: Bamboo Publ.

3李德河、傅朝卿、劉益昌（李德河等二〇〇六），《王城試掘研究計畫（二）及影像紀錄期末報告》，行政院文化建設委員會指導、臺南市政府委託之研究報告，二〇〇六。

4劉益昌、王柏喬、董又慈，《第一期熱蘭遮城與大員市鎮疑似遺址調查研究計畫期末報告》，臺南市文化資產管理處委託國立成功大學考古學研究所之研究報告，二〇二一。

5劉益昌、董又慈，《第二期熱蘭遮城與大員市鎮考古發掘調查研究計畫成果報告書》（臺南市文化資產管理處委託國立成功大學考古學研究所執行之研究計畫，二〇二三）。

• 中西合璧的鐵剪刀

陳世興宅壁鎖

1 REYNOLDS, P.R.A., 2008. Transmission and recall: the use of short wall anchors in the wide world.（英國約克大學博士論文）

2周宜穎，《臺灣霍夫曼窯之研究》，國立成功大學建築學系碩士班論文，二〇〇五。

3福康安、德成、徐嗣曾，《宮中檔奏摺─乾隆朝》，〈奏爲遵旨酌籌改建臺灣諸城垣緣由〉，乾隆五十三年（一七八八）四月十一日，故宮〇七九六六〇號，頁二，國立故宮博物院。

•原來鄭成功長這樣

鄭成功畫像（那須豐慶摹本）

1劉錡豫，〈一九一〇年，一位日本畫家與臺灣「國寶」《鄭成功畫像》的近距離接觸〉，二〇二一年刊登於「自由評論網」「漫遊藝術史」專欄。

2劉錡豫，《臺灣神社美術收藏的建立、展示與戰後流轉》，國立臺灣師範大學藝術史研究所碩士論文，二〇二〇。

3劉錡豫，〈二〇世紀前中葉《鄭成功畫像》的展示、觀看與詮釋〉，《史物論壇：國立歷史博物館學報》第二十九期（二〇二三年一月），頁四十三─七十四。

4盧泰康，《文化資產中的古物研究與鑑定：臺南瑰寶大揭密》（臺北：五南，二〇一七）。

5金子展也著、陳嫺若譯，《遠渡來台的日本諸神：日治時期的台灣神社田野踏查》（新北：野人，二〇二〇）。

● 匠心獨具的書畫藝術家

林朝英書杜甫秋興詩八首木雕板

1林孟欣，〈臺史博典藏林朝英家族書契資料研究〉，第九屆臺灣古文書與歷史研究國際學術研討會，逢甲大學歷史與文物研究所。

2林瀛代表整合，《一峯亭林朝英行略》，自費出版。

3黃典權，〈「數典不忘」林氏族譜〉，《臺灣關係文獻集零》卷十八（臺北：臺灣銀行經濟研究室，一九七二）。

4呂松潁，〈一〇九年度「臺南書畫家林朝英研究計畫」研究計畫案結案研究報告書〉，臺南市美術館「臺灣藝文志」第一階段研究計畫。

5連景初，〈林朝英與蔡牽〉，《臺南文化》第八卷第三期（一九六八年九月三十日），頁二十三—二十五。

6姚惠耀，〈【臺灣通史】樂善好施的臺南富商，真實身分竟是清代臺灣第一藝術家——林朝英〉，二〇二四年七月三十一日刊登於「故事」網站。

•不再響起的馬蹄聲

石像生石馬

1野田八平，〈石馬發掘に就て〉，《臺灣教育》第三七八期（一九三四），頁一三七—一三九。

2「木胎棕色漆參拜日光山睡貓紀念方盤」—國立臺灣歷史博物館典藏網。網址 https://collections.nmth.gov.tw/CollectionContent.aspx?a=132&RNO=2002.003.0073

3〈夜な夜な畑を荒す 墓前の大石馬と 部落民に盜まれた銀の首級 清朝の功臣鄭其仁の墓から 發掘した石馬安平史料館へ〉，《臺南新報》，一九三三年十一月十四日，夕刊第二版。

•遊地河，王船公

王船公

1《灣裡萬年殿醮志：戊子科五朝王醮》（臺南：灣裡萬年殿戊子科建醮委員會，二〇一一）。

2吳碧惠，《送王迎福：臺南王船十三艙添載物件研究》（臺北：蔚藍文化，二〇二一）。

●不求歸鄉只願安息

旅櫬安之石碑

1蘇峯楠，〈文化遞嬗與風格縱融——南山公墓日治時期墳墓之觀察〉，《臺灣史學雜誌》第九期（二〇一〇年十二月），頁九十一—一二一。

2盧泰康，〈臺南明鄭古墓出土珍貴文物〉，《故宮文物月刊》第四三〇期（臺北，二〇一九年一月），頁九十四—一〇七。

●傳神寫照

石芝圃八十壽畫像

1石暘睢，〈先高祖芝圃公行述〉，《臺南文化》第三期（一九五四），頁三十八—四十二。

2石萬壽，〈石鼎美宅滄桑〉，《樂君甲子集》（臺南：臺南市政府文化局，二〇〇四），頁二六〇—二六三。

3劉永華，〈明清時期華南地區的祖先畫像崇拜習俗〉，《廈大史學》第二輯（二〇〇六），廈門：廈門大學出版社，頁一八一—一九七。

4蔡文婷，〈代代「傳神」——祖宗畫〉，《臺灣光華雜誌》，一九九七年四月。

https://www.taiwan-panorama.com/Articles/Details?Guid=f6731cfd-b8f5-4872-bed0-eebd950abba9&CatId=11&postname=%E4%BB%A3%E4%BB%A3%E3%80%8C%E5%82%B3%E7%A5%9E%E3%80%8D%E2%94%80%E2%94%80%E7%A5%96%E5%AE%97%E7%95%AB（Dec.30.2023）

• 來自英國傳播福音的利器

聚珍堂 Albion Press 活版印刷機

1 吳慶泰、李宇妍、何宛蓉，〈臺灣第一臺活字版印刷機之保存維護與研究〉，《博物館簡訊》第九十五期（二〇二一年三月），頁八—十三。

2 李宇妍，《產業文物修護保存之研究——以一八七二年製英式 Albion Press 活字版印刷機爲例》，國立臺南藝術大學博物館學與古物維護研究所碩士論文，二〇二一。

• 人像頭部殘件的訊息

臺灣總督兒玉源太郎人像頭部殘件

1 邵慶旺、盧泰康，〈從物件詮釋「文物」之研究：以疑似兒玉源太郎頭像殘件研究爲例〉，《國立臺灣博物館學刊》第七十六卷第二期（二〇二三年六月），頁五十九—九十八。

2柯明賢，〈日本殖民都市的空間設計策略——以臺南大正公園圓環爲例〉，《建築學報》第一二〇期（二〇二二年六月），頁五十三—七十八。

3李品寬，《日治時期臺灣近代紀念雕塑人像之研究》，國立臺灣師範大學臺灣史研究所碩士論文，二〇〇九。

●余清芳外二十二名判決書

余清芳外二十二名判決書

1戴文鋒，《山谷長歌：噍吧哖事件在地繪影與歷史圖像》（臺南：臺南市政府文化局，二〇一五）。

2邱正略、戴文鋒，《百年回首噍吧哖事件》（臺南：臺南市政府文化局，二〇一五）。

3陳信安、張雅琇，《尋訪一九一五噍吧哖事件歷史場景：起事、交戰、清鄉、審判、立祠》（臺南：臺南市政府文化局，二〇一三）。

4康豹，《染血的山谷：日治時期的噍吧哖事件》（臺北：三民，二〇〇六）。

● 穿越昭和時代的林百貨娃娃服飾看板

林百貨繪製的娃娃服飾商品看板

1 潘元石，《歲月凝視：潘元石的藝術之路》（臺北：蔚藍文化，二〇二一）。
2 彭威翔，《太陽旗下的制服學生》（新北：左岸文化，二〇一九）。
3 王美霞，《熱戀林百貨熱戀臺南》（臺北：遠流出版，二〇一八）。

● 吹翻現實的風車

《風車》第三期

1 陳允元、黃亞歷主編，《日曜日式散步者—風車詩社及其時代　暝想的火災：作品／導讀》（臺北：行人，二〇一九）。
2 陳允元、黃亞歷主編，《共時的星叢：風車詩社與新精神的跨界域流動》（臺北：原點，二〇二〇）。
3 楊熾昌原作，葉笛漢譯，呂興昌編定，《水蔭萍作品集》（臺南：臺南市立文化中心，一九九五）。

• 百年前的熠熠星光

林氏好簽名照

1 國立臺灣文學館文物典藏查詢系統——「林氏好簽名照」。https://collections.culture.tw/nmtl_collectionsweb/Gal_DIGITAL.aspx?GID=MSMCMEMAM7ME&RNO=MZ0EMW0O0GMA0O01MA0O0B5QMVKJ5C&ACTIVEIMG=MVK25308ME0O0A54MZ0EMW0O0GMA0O01MA0O0B5QMVKJ5C

2 臺灣音樂群像資料庫——「林氏好」。https://musiciantw.ncfta.gov.tw/people?uid=2&typeid=52&pid=213

3 臺灣文學虛擬博物館——郭汶伶，〈被震碎的希望，用文字與音符補回——林氏好賑災音樂會相片〉。https://www.tlvm.com.tw/zh/Create/CreatePlatformCont?Createid=190

4 臺灣女人——「臺灣女高音林氏好（1907－1991）。https://women.nmth.gov.tw/?p=2069

5 變動時局下的音樂人林氏好 http://www.laijohn.com/archives/pc/Lim/Lim,Sho1/brief/kp.htm

●戰事下的個人記事

吳新榮一九四五年日記

1孫森焱，〈孫森焱〉回憶美國三次空襲臺南的慘況〉，二〇二〇年十一月二十三日刊登於「愛傳媒孫森焱專欄」。https://www.i-media.tw/Article/Detail/13791?type=10

2陳文松，《來去府城透透氣：一九三〇～一九六〇年代文青醫生吳新榮的日常娛樂三部曲》（臺北：蔚藍文化，二〇一九）。

3韓良俊編，《六十回憶——韓石泉醫師自傳》（新莊：望春風出版社，二〇〇九）。

●改變人生的判決書

葉石濤判決書抄本

1馬非白，〈【被遺忘的歷史】臺灣男子簡阿淘：葉石濤冤案〉，發表於二〇二〇年二月二十二日《想想副刊》。https://www.thinkingtaiwan.com/content/8112

2葉石濤，《一個臺灣老朽作家的五〇年代》（臺北：前衛出版社，二〇〇五）。

3葉石濤，《臺灣男子簡阿淘》（臺北：草根出版，一九九六）。

4 許卉林導演、林靖傑監製，《臺灣男子葉石濤》（紀錄片，二〇二二）。

●肩負重任——記錄田野的利器

Rolleicord V Model K3C 相機

1 黃天横口述，陳美蓉，何鳳嬌訪問記錄，《固園黃家——黃天横先生訪談錄》（臺北：國史館，二〇〇八）。

2 黃天横、吳毓琪著，《固園文學史暨石暘睢庋藏史料圖錄選》（臺南：國立臺灣文學館，二〇一四）。

●再次轉動的生命

勝家牌腳踏式縫紉機

1 江淑芳，〈奇縫高手——縫紉機〉，《科學發展》第四九四期（二〇一四），臺北：行政院國家科學委員會，頁五十—五十五。

●看板上的一代歌王

臺南中國城文夏音樂城大型看板

1 蔡文婷，〈第一代寶島歌王——文夏〉，《光華雜誌》（二〇〇二年五月）。

2 賴依欣，〈隨運河輪轉的城：臺南與中國城〉，「ARTouch 典藏」網頁 https://artouch.com/art-views/content-4717.html

3 Ying Hsiu Lin，〈中國城——時代王國的建立、殞落與歸還〉，「Medium」專欄。https://roseshowlin.medium.com/%E4%B8%AD%E5%9C%8B%E5%9F%8E-%E6%99%82%E4%BB%A3%E7%8E%8B%E5%9C%8B%E7%9A%84%E5%BB%BA%E7%AB%8B-%E6%AE%9E%E8%90%BD%E8%88%87%E6%AD%B8%E9%82%84-32228790dc43

4 張瑋芩，《當日語歌化身爲臺語歌——文夏翻唱歌曲詞曲配合的探討》，國立臺灣大學音樂研究所碩士論文，二〇一一。

5 郭麗娟，《南方尋樂記》（高雄：高雄市立歷史博物館，二〇一五—二〇一九）。

6 洪芳怡，《今夜來放送：那些不該被遺忘的臺語流行歌、音樂人與時代1946~1969》（臺北：遠流出版，二〇二三）。

7 李志銘，〈流浪是對自由的寄託——一生「飄撇」的鄉愁歌手文夏〉，二〇二二年四月十一日刊登於鳴人堂。https://opinion.udn.com/opinion/story/12369/6224875

8 Matt Alt 著、許芳菊譯，《日本製造，幻想浪潮：動漫、電玩、Hello Kitty、

2Channel，超越世代的精緻創新與魔幻魅力》（新北：聯經出版，二〇二一）。

● 不只是美食的虱目魚

虱目魚小子設計稿

1 鄭維中，〈烏魚、土魠、虱目魚：多元脈絡下荷治至清領初期臺灣三種特色海產的確立〉，《臺灣史研究》第二十五卷第二期（二〇一八），頁一—六十。

2 曾品滄，〈塭與塘：清代臺灣養殖漁業發展的比較分析〉，《臺灣史研究》第十九卷第四期（二〇一二），頁一—四十七。

● 如果老師得了肺炎會發生什麼事？

麻豆國小五年級學生疫情聯絡簿

1 凱斯．詹京斯，《歷史的再思考》（臺北：麥田出版，二〇一一）。

2 王舒俐，〈論博物館、當代典藏與公共史學〉。臺北：中央研究院民族學研究所，二〇一六。（引自芭樂人類學 https://guavanthropology.tw/article/6557）

3 謝仕淵，《成爲臺南：府城文史活字典石暘睢》（臺北：蔚藍文化，二〇二三）。

◆作者簡介（依姓名筆畫排列）

王柏喬

考古工作者。畢業於成功大學考古學研究所。主要研究興趣是歷史考古學、貿易陶瓷器、考古學與殖民文化遺產、資本主義下的考古學。

王麗菡

中部人，雙腳被南部的泥土黏住而定居臺南，是拜上帝公的囝仔，偶爾兼職二媽的口譯員。畢業於臺南大學臺灣文化研究所，研究的是神桌上的食物，起因可能來自幼時的早餐常常是紅龜粿。大學住在水庫旁邊，所以寫過一些與水有關的東西，可見於《南博萬》創刊號、臺灣歷史博物館數位刊物《大圳學學》第1期。

林森路

在臺北讀文史相關科系，之後來到臺南工作，在文字和文物之間打轉，工作到幾乎忘記寫作的感覺，直到最近才開始提筆寫作。最近興趣是在臺南尋找一點臺北的蹤跡，有了一點點心得，譬如喜歡走在臺南的林森路上，比較和臺北林森北路的不同。以及欣賞別人聽到「林森」是人名的驚訝表情。

邱睦容

文史與文字工作者。成功大學歷史學系學士，臺灣大學地理環境資源研究所碩士。關注邊緣地景與小寫人事，以撿拾與兜起歷史切片，作爲映照當代的方法。合著有：《轟鳴未曾遠去》、《延綿的餐桌：府城米食文化》、《流轉的街道：府城米糧研究》、《府城米糧學習帳》等書。個人網站：https://mu-jung.com

游淳詔

臺南人，太愛逛古蹟、廟宇和臺南巷弄，大學畢業後成爲水利工程的逃兵，義無反顧地進入臺南藝術大學古物所，因工程背景開啟人生中首次的歷史建築修復記錄。對很多事好奇，但都不專精，先後流連在星星的故鄉、民生綠園旁的地下室、阿明的研究室、北門手工場等，因緣際會成爲臺南市文史協會不怎麼新鮮的新血，在天文、文史、數位典藏、展覽和行政事務中浮沉。兜兜轉轉後，回到文物的懷抱裡。

葉萱萱

大學學的是平面設計，研究所念博物館，學生時期在青田街和關渡平原一帶走跳。畢業後因爲博物館工作意外回到臺南，現在周旋於展覽和編輯出版之間。是N分之一個西拉雅族，兒時最喜歡去找潘元石老師畫畫，一返鄉後就瘋狂過敏，是個被醫生屢次建議搬回臺北的臺南人。

感謝名單（依筆畫排列）

- 王金河家屬、石允忠、石頂天、石暘睢、吳子中、林佩蓉、陳瑳瑳、黃天横、黃隆正、詹伯望、謝碧連律師及其後人、謝麗花
- 中央研究院歷史語言研究所
- 財團法人王金河文化藝術基金會
- 臺南市文史協會
- 臺南市下營武安宮主委戴崑寶
- 國立成功大學考古學研究所特聘教授劉益昌
- 國立臺灣史前文化博物館（南科考古館）副研究員陳俊男

歷史與現場 368

南都物語：物件裡的臺南史
編　　者｜蘇峯楠
作　　者｜王柏喬、王麗菡、林森路、邱睦容、游淳詔、葉萱萱
發 行 人｜林韋旭
策劃主辦｜臺南市文化資產管理處
總 策 畫｜林喬彬
策　　畫｜傅淸琪、許書維、楊珮瑤
執行編輯｜侯雅馨、柯怡如

編印發行｜時報文化出版企業股份有限公司
主　　編｜胡金倫
特約編輯｜邱芊樺
人文科學線主編｜王育涵
校　　對｜邱芊樺、胡金倫
行銷企畫｜林欣梅
封面設計｜倪旻峰
內文排版｜王君卉
總 編 輯｜胡金倫
董 事 長｜趙政岷

出版｜臺南市政府文化局
地址｜永華市政中心 708201 臺南市安平區永華路二段 6 號 13 樓
民治市政中心 730210 臺南市新營區中正路 23 號
電話｜ 06-2991111
網址｜ https://culture.tainan.gov.tw

時報文化出版企業股份有限公司
108019 臺北市和平西路三段 240 號 7 樓
發行專線｜ 02-23066842
讀者服務專線｜ 0800231705
讀者服務專線｜ 02-23047103
讀者服務傳眞｜ 02-23046858
郵撥｜ 19344724 時報文化出版公司
信箱｜ 10899 臺北華江橋郵局第 99 信箱
時報悅讀網｜ www.readingtimes.com.tw
時報人文科學線臉書｜ https://www.facebook.com/humanities.science
法律顧問｜理律法律事務所 陳長文律師、李念祖律師
印　　刷｜華展印刷有限公司

初版一刷｜ 2025 年 1 月
定　　價｜新臺幣 500 元

ISBN 978-626-419-029-9　　　GPN1011301659
分類號：C102
局總號：2024-789
Printed in Taiwan

南都物語：物件裡的臺南史 / 王柏喬，王麗菡，林森路，邱睦容，游淳詔，葉萱萱著．-- 初版．-- 臺北市：時報文化出版企業股份有限公司；臺南市：臺南市政府文化局，2024.12
面；　公分．--（歷史與現場；368）
ISBN 978-626-419-029-9（平裝）

1.CST: 歷史 2.CST: 文物研究 3.CST: 文物保存維護 4.CST: 臺南市

733.9/127.2　　　113017776